ゼロから学べる
オンライン
学習

石井 英真　監修

秋山 貴俊　編著
長瀬 拓也

JN032832

明治図書

　今私はパソコンで原稿を書いています。大学3年生の時，パソコンでレジュメを巧みにまとめる友人に触発され，初めてパソコンを購入し，文章はパソコンで書くようになりました。そして今はパソコンが手放せません。文章の推敲も容易で，インターネットで様々な情報を検索することで，使い方や意味があいまいな概念や知見なども即座に確認しながら，考えをスムーズに形にすることができます。ただ，当時はパソコンを巧みに使いこなすことが輝いて見えましたが，かつても今も，どんな道具を使って書いたのかで，書いたもののよしあしを競うことはありません。

　オンラインという技術も同じです。オンラインを使いこなせるかどうかが個々の学校や教師の教育活動の質を決めるわけではありません。しかし，このコロナ禍で，オンライン環境が標準装備されることは，パソコンで書くことが普及することで，研究活動等の生産性が格段に上昇したように，学校教育の当たり前を変えて，学校という制度がもつ様々な機能を増強する可能性があります。

　特に，オンラインが増強するのは，学びの深さや授業の質というより，学習支援の手厚さという点ではないかと思います。本書のタイトルが「オンライン学習」であることは，そのような意味において理解される必要があります。新しい技術の使い方で個々の教師がオンライン授業の技を競うこと以上に，また，オンライン学習を有事への一時的な対応手段に留めるのでもなく，「はじめに」にもあるよ

うに，いつでも，どこでも，だれとでも学ぶことが保障される，学校という制度のそもそものあり方に関わるものとして，「オンライン学習」を捉えていくのです。

対面のコミュニケーションで教え学ぶ「授業」と，「自学自習」の両極の間に，オンラインのつながりやツールに支えられながらの「オンライン学習」という機能が加わって，より多くの子どもを救える，学習支援機能において「大きな学校」を展望すること，遠隔での学習支援では，「おわりに」にあるような，対話や質問を通して，子どもたちの視野の外部を指さしたりしながら，学ぶ意欲を触発し励ます，コーチとしての教師，教え導くより傍らで学びに寄り添う，伴走する教師のあり方が大事になってくるでしょう。

「オンライン学習」という学習支援機能を学校に増設する作業には，内向きなシステムや情報セキュリティポリシーの根本的な見直しなど，国や自治体の条件整備が不可欠です。加えて，各学校現場の発想の転換や努力も求められるところです。本書は，そうした学校の大規模なインフラ整備を，主に現場レベルにおいてどのように進めていけばよいのか，それを具体的に示すものとなっています。それは，コロナ禍の中で，目の前の子どもたちの学びやつながりや安心・安全をなんとか保障したいという執筆者の試行錯誤の挑戦の結晶です。本書を手がかりに，それぞれの学校で小さな挑戦が生まれ，それが公教育のバージョンアップへの大きな流れとなることを期待します。　石井　英真

はじめに

　本書は，オンライン学習をゼロから学びたい人，そしてゼロから始めたい人に向けて書かれたものです。実践的な内容もありますが，オンラインから見える学びの質や考え方についても論じています。

　2020年３月，突然の全国一斉休校からオンライン学習の重要性が強く求められました。私立学校や大学附属学校ではオンラインによる学習が展開される一方で，公立学校では一部の地域や学校を除いて発展することはあまりありませんでした。

　しかし，こうしたオンラインでの学習を考えることは，これからの「未来の学校」の姿を描くことにつながるのではないかと考えています。

　私自身，大学では教育工学のゼミに入り，授業のあり方について学びました。ゼミの先生が描く「オンラインで学べる未来の学校の姿」にワクワクしたのを覚えています。しかし，教職についてからは，こうした未来の学校の姿を求めることからは離れ，総合学習や社会科での学びを10年以上追究してきました。オンライン学習の可能性を感じたのは，働きながら遠隔で学んだ大学院生の時であり，指導してくださった先生のお話から未来が現実になってきている実感をもちました。

ただ，正直に言えば，2020年4月頃は，「え，どうやったら動画をつくれるの？」「双方向学習って何？」といった基本的なことから始めなければいけない状況でした。

　そうした中で，テレビ会議アプリを使い，関西の私学や大学附属の先生と学び合ったのが，オンライン学習研究会の集まりでした。当初は，「動画をどのようにつくっているのか」といった情報交換だったのが，途中から公立学校の先生にも参加していただき，「オンラインでの学びとは何か」「対面型の授業との違いは何か」といった本質的な学びのあり方の模索へと変わっていきました。新型コロナウイルスの感染拡大防止における休校から，学校で学ぶことの意味の問い直しが，オンライン学習によってより鮮明になったのではないかと考えています。

　そのため，本書は，私たちが「ゼロから学んできた」オンライン学習の考え方やその方法についてまとめられた一冊だと言えるでしょう。

　オンライン学習は，「お金がかかる」「差が広がる」「規制が多くてできない」といった意見が多くあります。しかし，まず始めなくてはいけないことは，学校・教師の意識の捉えや，考え方の転換ではないかと考えています。オンライン学習を休校対策といった一時的な対応手段に留めるのではなく，「いつでも，どこでも，だれでも学ぶことが保障される」これからの未来の学びにつなげていけることを願っています。

長瀬　拓也

目　次

第1章

オンライン学習で大切にすること

第2章

オンライン学習のつくり方

第3章

プラットフォームを整える

第4章

非同期の配信を考える

第5章

双方向システムの工夫

第6章

これからの教師に求められること

第1章

オンライン学習
で大切にすること

　2020年３月からの長期休校によって，日本全国でオンライン学習
の必要性が問われました。

　しかし，

　・オンライン学習はなぜ必要なのか。

　・オンライン学習における学びはどうあるべきか。

　・オンラインでの学びを支える学校はどうあるべきか。

　・オンライン学習でできること，できないことは何か。

についての議論はあまりなされていません。

　オンライン学習とは何か，大切にすることは何かを明確にしなけれ
ば，オンライン学習は対面授業のための付け焼き刃の緊急対応のもの
となってしまい，これからの学びを支え，創り出すものにはなり得ま
せん。

　そこで，まず，オンライン学習の意義を明確にしながら，オンライン学習とは何かといった定義づけをしたいと考えます。その上で，学校としてどのようにオンライン学習に向かうのか，そして，オンライン学習では，何ができて何ができないかを明確にしながら，オンラインでの学び方について考えます。

なぜ，オンライン学習が必要なのか

　2020年３月から始まった新型コロナウイルス感染拡大防止にかかわる全国の学校の休校によって，オンライン学習の必要性が強く問われるようになりました。しかし，コロナ対策としてオンライン学習を考えるだけではなく，「なぜオンライン学習が必要か」と，そのあり方を考えることが大切です。大きく分けて３つ理由を挙げることができます。

● オンライン学習が必要である３つの理由

　オンライン学習が必要である理由は，「①子どもたちの安全確認」「②学習の保障」「③多様性に応じた新しい学びを生み出す」の３点です。この３つの理由については次項以降で詳しく述べていきますが，その先のゴールは，自分が何を選んで学ぶかを決めることができる状況で力を発揮する「独立達成傾向」をもつ学習者（波多野，1980）を育てることだと言えます。

(1) よき追随的学習者にしてはいけない！

　波多野（1980）は，「よき追随的学習者は，結局のところ，よき教師あってのよき学習者なのである」と述べています。教師が「お膳立て」すれば優れた成績を上げること

ができるでしょう。しかし，生涯教育の文脈で考えると，それだけでは長続きしません。そのために「自分で課題をみつけ，それと熱心に取り組み，その学習に内在する喜びや自分の能力が高められることから満足を得るという，独立達成傾向によってだと考えられる」と述べています。

　ポストコロナを考えると，オンライン学習の最終ゴールは，子どもたちを，自ら学び，その学びに課題を見つけ，喜びと成長から満足を得るような**独立達成傾向をもつ学習者**に育てていくことだと言えます。そのためには，子どもたちの安全確認と学習の保障が欠かせません。

⑵　オンラインで過去に戻るか未来へ行くか

　オンライン学習は対面型の授業とは異なり，そこに学習者がいないため，制約が多く生まれます。制約が生まれるということは，教師側はその制約の溝を想像力で埋めなくてはいけません。そこに，教師の授業観や学習そのものに対する姿勢が明確に表れます。そのため，オンラインになって，より古典的で一方的な伝達型の学習を展開する方もいらっしゃるかもしれません。

　しかし，オンライン学習の目的とゴールは，子どもたちが新型コロナウイルス流行下のような社会をよりよく生きるために，**自ら学び，成長していくことができる独立達成傾向をもつ学習者を育てる**ことだと言えます。

（長瀬　拓也）

子どもたちの安全確認としてのオンライン

　オンライン学習のゴールは，社会をよりよく生きるために，**自ら学び，成長していくことができる自律的な独立達成傾向をもつ学習者を育てる**ことですが，そのためには，遠隔にいる子どもたちの安全確認が欠かせません。

　そこでオンライン学習は有効な手段となります。

❶　安全確認としてのオンライン学習の存在

⑴　オンラインで子どもの状況を把握する

　日本でも貧困や児童虐待をはじめとして，子どもたちの健康や安全が脅かされる問題が起こっています。また，保護者が知らない悩みを抱えている場合もあるため，長期休校では，全国で，子どもたちの家庭での状況を確認する必要がありました。そのため，オンライン学習を通して，子どもたちが学習に参加しているかを把握することで，子どもの顔を見たり，状況の確認をすることができます。

⑵　教員の「ちょっとしたカン」が安全確認に

　例えば，画面越しで顔を見て，「元気ですか」「はい」といったやりとりをするだけでも，子どもたちの様子を把握することができます。また，ずっとオンライン学習に参加していない状況が続いた時，担任は「あれ，この子，大丈

夫かな」と思うことがあるでしょう。普段の対面授業でも同じことですが，オンラインを通して担任をはじめとした教員が抱く違和感（「ちょっとしたカン（感）」）を活かすことで子どもの安全確認が可能になります。

❷　学校の存在が伝わり，抑制・防止効果にも

(1)　社会性を感じることで抑制・防止効果が生まれる

　家庭の空間にいると，保護者と子どもだけという閉ざされた関係になります。しかし，オンライン学習で子どもたちが学校や教員とつながることで，より開かれた関係になり，社会性が生まれます。こうした社会性が生まれることによって，保護者が社会的ルールを意識し，感情の抑制や様々なトラブル防止の効果が生まれます。

(2)　保護者も苦しい思いをしていることに共感を

　長期休校になると，子どもたちのみならず，保護者も苦しい思いをします。子どもがなかなか学習しなかったり，言うことを聞かなかったりすることもあります。経済的な負担も含め様々な不安が重なり，子どものみならず大人もイライラすることがあります。オンライン学習を通して，保護者の苦しみに寄り添いながら，子どもたちが自ら学べるよう一緒に取り組む姿勢が，家庭での心のケアにもつながっていきます。

（長瀬　拓也）

学習の保障としての
オンライン

　オンライン学習の必要性として，メディアなどで大きく問われたのは，学習の保障でした。しかし，学習の保障とは，学習内容の保障だけでしょうか。実は，学習内容のみならず，学習方法（学び方）の保障も必要でないかと考えています。

● 学習内容のみならず，学び方の保障も

(1) 大量のプリントを一度に渡す必要はない

　2020年の休校期間に，一度に大量のプリントを一気に配布した学校や，毎日取り組めないほどの課題を指示されて困り果てた家庭の声を，知人やSNSから聞くことがありました。長期間対面できないことを考えると，むしろ善意からそうしたことが起こったのだと考えます。しかし，今後長期の休校が発生した場合，管理職は子どもたちの側に立って，適切な量，適切な内容の課題を考えることを教員に伝え，実態を把握する必要があります。また，担任をはじめとする教員も「何とかしてあげたい」といった気持ちから生まれる行為かもしれませんが，それは子どもを苦しめ，学習嫌悪にさせる可能性があると戒めておく必要があります。

(2) 内容も大切だが学び方のアドバイスを

オンライン学習のよさは動画や音声を通して，学び方をアドバイスしたり，学びたい時に学びたいだけの情報をダウンロードしたりして学べるところです。そのため，コンテンツ（内容）を押し込めるように伝えるのではなく，ノートの取り方，感想の書き方などといった学び方のアドバイスをすることが大切です。それが自ら学んで課題を解決する子に育てていくからです。

始業式に一度に数十枚のプリントを渡し，学習を始める先生はなかなかいません。最初は中学校でも高校でも，ガイダンスをしながら始めていきます。小学校では，特に丁寧な学習指導をした上で，学習内容の履修に入っていきます。

つまり，普段（対面）の授業でも当たり前のようにしているような学習方法（学び方）の保障を，オンラインでも取り組んでいく必要があります。

(3) オンライン学習は，「履修のあり方」への問いかけ

今回のオンライン学習の普及によって，授業時数や学習内容の履修のあり方を考えるよいきっかけになっていると考えます。学校でどれだけの時間を過ごしたか，授業を受けたかではなく，どれだけ一人ひとりが豊かに学んだかが問われる時代になってきているのではないでしょうか。

（長瀬　拓也）

新しい学びを生み出す
チャンスとして

　新型コロナウイルスの登場によって，厳しい社会情勢が生まれています。そうした社会の中で生き抜いていくためには，波多野（1980）が述べてきたような教師の言うことを聞いて素直に学ぶ追随的な学習者のみならず，自ら学び，成長していくことができる独立達成傾向をもつ学習者を育てることも求められます。そのため，学習者の多様性を担保する学びが求められ，オンライン学習はその有効な手段になります。

① 多様な学習者のリクエストに対応できる

(1) オンライン学習によって様々な学習者に対応

　学校法人角川ドワンゴ学園Ｎ高等学校の取り組みがメディアで大きく取り上げられています。また，それ以前から，星槎グループなどでは様々な状況に置かれる学習者に対応できる取り組みがなされてきました。オンライン学習を展開すると，不登校をはじめとした様々な状況にある学習者に対応することができるだけではなく，様々な学び方を望む学習者にも対応できます。そのため，Ｎ高をはじめとした，オンライン学習を多用する学校から将来，著名な大学や海外の大学への進学者も増えていくことでしょう。

　実は「多様な学習者」に対応できる「学習管理」の必要

性は以前から西之園（2004）が指摘しています。西之園は
「教育の情報化とはコンピュータやインターネットを教室
に導入することが目的ではなく，一人ひとりの学習権を保
障するために情報通信技術をどのように活用するかという
視点で取り組みたいものである」と述べています。まさに
今求められているのは，様々な立場にある一人ひとりの学
習権を保障する学びをいかにつくり出せるかだと言えます。

❷　僻地の学校の取り組みに学ぼう

(1)　制約があるからこそ，学びの多様性が生まれる

　僻地校と言われる，山村や離島の少人数の学校では，子
どもたちは，複式学級で学ぶこともあります。保育園の頃
から仲間同士の関わりに変化が少なく，社会科見学に行く
にも多くの時間がかかります。そのような制約がある中で，
僻地校では，情報通信技術を活用し，様々な学びを産み出
してきました。それは，西之園が述べるような機材の導入
ありきの教育の情報化ではなく，一人ひとりの学習権を保
障する「真の教育の情報化」であると言えるでしょう。

　オンライン学習を妨げる原因として情報環境の格差を挙
げることもありますが，僻地校の姿を見習い，学習権の保
障の立場からオンライン学習を進めていくべきです。

（長瀬　拓也）

オンライン学習のあり方を広く捉えよう

　「オンライン学習とは○○であるべきだ」という固定観念に囚われ，実践が展開されない場合があります。西之園（2004）が述べるように「学習権の保障」という視点からオンライン学習のあり方を柔軟に考える必要があります。

● できるところから始めよう

(1) 固定観念に囚われない

「動画をつくらなくてはいけない」

「テレビ電話で画面越しに交流しないといけない」

といったオンライン学習に対する固定的な観念をもちすぎると，なかなか前に進まない場合があります。

　西之園（2004）が「一人ひとりの学習権を保障するために情報通信技術をどのように活用するかという視点で取り組みたいものである」と述べています。西之園は日本国憲法第26条を踏まえながら，現在の学校教育の現状を子どもの視点から考え，学習権について「すべての国民は，その能力に応じて，ひとしく学習する権利を有する」と解釈しています。

　オンライン学習はこうあるべきだという固定観念に囚われずに，子どもたちの「学習する権利」にいかに応えるかを考え，できるところから始めてみてはどうでしょうか。

　例えば，動画がつくられていなくても，学校のホームページで NHK for School の動画の何を見るとよいかを伝えるだけでも「学習の保障」につながります。SNS グループをつくって，学校と子どもたちがつながる方法を考えるだけでも「安全確認」ができるかもしれません。「できない」から「やらない」ではなく，「できない」から「できるところは何だろう」と考えていくことが必要です。

⑵　オンラインありきの本末転倒にならないように

　オンライン学習を進めるためには，情報機器を揃える，Wi-Fi 環境を揃えることが必要だとメディアを中心に語られることがよくあります。確かにその通りではありますが，それはあくまでも入り口やきっかけに過ぎません。情報機器が乏しくても，子どもたちの学習権を保障するためにできることは，アイディア次第でたくさん生まれてきます。

⑶　対面で行う授業を見直すきっかけに

　今，自分たちが勤務する学校や地域にとって，オンライン学習で何ができるかを考えることは，対面で行う授業を見直すきっかけになります。オンラインによってできる学習，対面でしかできない学習を考えることで，子どもたちの学びをより豊かにしていきます。

（長瀬　拓也）

３つの視点と４つの枠で
オンラインを捉えよう

　オンライン学習を推進しようとする時に，どのような視点で取り組めばよいのでしょうか。明治図書の教育 zine「公立学校でもできる！　オンライン学習を進める学校の共通項」（長瀬，2020）を参考に具体的な方略として３つの視点と４つの枠というイメージを考えてみました。

❶　オンライン学習を構築する３つの視点
⑴　３つの視点をもつ
　オンライン学習を構築するには，

> ①プラットフォームをつくる
>
> ②動画などの学習コンテンツを提供する
>
> ③双方向で子どもたちの意見を生かす

が必要だと考えられます。

　プラットフォームとは，オンラインを通して，その場に行けば，「何を学べばよいか」がわかる場所です。学校によっては独自のサーバーを用意したり，無料サイトを活用したりすることもあります。

　学習コンテンツの提供とは，動画を教職員で作成し，YouTube などにアップすることもありますが，NHK for School などのコンテンツを紹介することも含まれます。

自分たちでつくらなくても，いいコンテンツであれば問題ありません。プリントを渡すこともコンテンツの一つと言えます。

　双方向で子どもたちの意見を生かしていくには，Zoom Meetings（以下，Zoom）などの会議システムもありますが，メールやSNS，手紙でも可能です。ロイロノート・スクール（以下，ロイロノート）といった双方向で課題の提出と点検ができるアプリケーションもあります。

❷　３つの視点を具体化する４つの枠

⑴　３つの視点を具体化する

　３つの視点でいえば，「②動画などの学習コンテンツを提供する」「③双方向で子どもたちの意見を生かす」をより具体化した中身に取り組むことが必要になります。

　各学校の実践を，情報を伝えるのに**一方向か，双方向か，オンタイムで行う同期か，オンデマンドで行う非同期か**の

４つの枠に分類しました。表では以下のようになります。

　この４つの枠を全て行うことができればよいのですが，まずこの枠の中で，できるところからスタートすることが必要です。

	一方向	
同期	A ライブ講義型 ライブ型の動画配信	B オンデマンド型 オンデマンド型の 動画配信 プリント学習	**非同期**
	C ミーティング型 テレビ電話ツールを 用いた双方向アプリ	D 課題提出型 手紙・メールやSNS などの双方向アプリ	
	双方向	

オンラインにおける学習活動の分類
（長瀬（2020）をもとに作成）

（長瀬　拓也）

学校をオンライン化するために

　政府の補正予算「GIGAスクール構想」では，新型コロナウイルス対応のため，**1人1台端末や校内ネットワークの整備が前倒し**で行われる予定です。この機会を踏まえて，学校のオンライン化を加速するにはどうすればよいでしょうか。

①　オンライン学習との出会いで感動体験を

　筆者が情報教育主任として，勤務校をオンライン化する際に心がけたことは，**教員も子どももオンライン学習との出会いで感動体験**を味わえるようにしたことです（小池，2020）。「遠くの人とつながれた！」「チャットだと気軽に話せる！」「いいねスタンプをもらえて嬉しい！」といった率直な感想をもてるようにすることを大切にしました。

　はじめからオンライン学習の目的の一つである「学習の保障」を焦って求めてしまうと，こうした感動体験を軽視してしまいがちです。情報教育主任が苦労して「プラットフォームをつくる」ことなどをした結果，それが無駄にならないように……と，膨大な資料と出会わせてしまうような教員研修を計画してしまうことはないでしょうか。

　教員自身が経験したことのない新たな学びを楽しく追求していけるようにするためには，**オンライン学習への第一**

印象を少しでもよくする必要があります。これを実現させるために，本書2章9節（p.66）では，具体的な教員研修のポイントについて論じています。また，教員一人ひとりが学校をオンライン化する考えをもてるようにするために，本書第6章では，様々な角度で問題提起をしています。

❷　平常時も持ち帰りを前提としてルールを見直す

　GIGA スクール構想の実現は，家庭でのオンライン学習の可能性も大きく広げてくれます。新型コロナウイルスによる緊急事態宣言下，文部科学省（2020）は「学校で既に整備されている端末を持ち帰って活用することが可能な場合には，平常時のルールにとらわれることなく**積極的に持ち帰りを推奨して活用する**」と示しました。今後，自然災害等の緊急事態が発生した時も，同様に考えることができます。共働きや複数のきょうだいがいる家庭等に対する支援策として，大切な役割を担うはずです。

　しかし端末を家庭に持ち帰ったことによって，インターネットに関わる問題等が発生してしまうのはよくないです。

　よって，**各自治体等は，平常時も家庭への持ち帰りを前提として，端末利用に関するガイドラインを見直すことが重要**です。その実現のためには，**日頃から子どもたちに対するルール指導を行うことや，端末の設定を確認することが大前提**となります。筆者が端末の貸出支援を家庭に行った際の一例で言うと，**使用できる機能や操作可能時間の設定**等をしました。

（小池　翔太）

自分たちの学校にしか できないモデル

　学校のオンライン化に関する組織モデルの研究は，これまでも様々な形で行われてきました。自治体や学校等の実態を踏まえたモデルづくりは，どう進めるべきでしょうか。

❶　組織モデルの類型化から見えること

　オンライン学習をはじめとした，情報活用能力育成のためのカリキュラム・マネジメントを促進する組織モデルは，次の4つに類型化できます（小池・大木，2020）。

　1つ目は「**全校研究型**」。学校全体で本格的に推進するモデルです。組織的に取り組める一方，これまでの学校研究主題を見直し，全教員が納得するプロセスが必要です。

　2つ目は「**専任的外部人材型**」。民間企業等の力を借りるモデルです。国の予算がつく「GIGA スクールサポーター」事業もある一方，学校に外部人材が常駐できるような手厚さを確保するには，それ相応の費用負担が必要です。

　3つ目は「**専科担任型**」。情報教育に詳しい校内の教員が授業等を行うモデルです。専門的な指導が期待できる一方，それ以外の教員が専科担任へ依存しがちです。

　4つ目は「**TT 型**」。ティーム・ティーチングで推進するモデルです。情報教育に苦手意識をもつ教員を後押しできる一方，打合せに膨大な時間がかかってしまいます。

　筆者の勤務校では，上記型の課題を解消するために，**「準専科教員」**という新たなモデルを開発しました。**学級担任の専門性や各学級の子どもの実態等に応じて，専科担任に準ずる形式で指導する教員**のことで，「専科担任型」と「TT型」を複合したモデルです。積極的な担任の学級では，準専科教員は一歩引きます。他方，消極的な担任の学級では，準専科教員は授業をしますが，その担任にも極力その授業に参加してもらいます。こうした組織モデルが，オンライン学習を全校で推進することに，大きな影響を果たしました。

❷　プラットフォームは校内で統一化を

　オンライン学習のプラットフォームを選ぶ際は，上記のような組織モデルの形にかかわらず，**校内で統一化するようにトップダウンで導入することが理想的**です。子どもの発達段階や教員の主体性を大切にして学年毎に異なるものを使用したり，複数のツールを組み合わせたりすることも，確かに考えられます。しかし，進級する度に操作性が異なったり学習履歴が引き継げなかったりすると，オンライン学習の支援をしていただく家庭への負担はもちろん，子ども自身も戸惑ってしまうと考えられます。

　様々あるオンライン学習のプラットフォームをどう選び，整えていくべきか，そのポイントは本書第3章で詳しく述べていきます。

（小池　翔太）

教職員同士の情報格差を
埋めるために

　ツールやモデルを整備し，教員一人ひとりの意識改革を目指しても，日々激務に追われる教職員同士では，情報格差も発生してしまいます。その対策を考えていきましょう。

① 試行錯誤前提で複数ツールを使い分ける

　筆者の勤務校で教職員同士の連絡をする際は，以下のようにツールを目的に応じて使い分けています。

・内線　：校内で緊急性の高い連絡を，通話で確認
　　　　　する時

・ＭＬ　（メーリングリスト）：校内で緊急性の低い連絡をする時
　　　　　校外からのメールを校内へ転送する時

・Teams：自主的な研修や情報交換をしたい時
　　　　　在宅勤務時の職員会議に遠隔参加する時

・LINE　：校外で緊急性の高いの連絡を，通話で確
　　　　　認する時
　　　　　学年等の限定人数で雑談をする時

　それぞれのツールを使うにあたり，それに馴染む・馴染まないという個人差はあります。それぞれの目的について，**教職員で「何となく」合意はしておくものの，その使い分けを強制させる必要はありません。**例えば，メーリングリ

ストで配信したことを，LINE で確認のために連絡してみるなどです。一度何かのツールで情報を送れば，それで全教職員に周知できたと勘違いしないことが大切です。**情報格差を完全に埋める万能薬はないという前提に立ちながらも，できることから試行錯誤する**ことが大切です。教職員がそうした態度をもつことが，保護者への連絡や，子どものオンライン学習の工夫や改善につながるはずです。

❷　「サーバントリーダーシップ」で支える

　情報教育主任は，情報格差を埋めていくための努力の方向として，「サーバントリーダーシップ」の発揮を意識することが大切です（Greenleaf, R. K., 2002）。サーバントリーダーシップとは，**奉仕や支援の精神などを大切にした，草の根的なリーダー精神**のことです。

　ここで注意すべき点は，**情報教育主任が校内でいわゆる「便利屋」に陥らないようにすること**です（小池，2020）。教職員の悩みを全て自分が解決しようとすると倒れてしまいます。「それは○○先生が詳しいです」などと，教職員間で適切に情報のやり取りができるようにすることで，情報格差が是正される文化が少しずつ醸成されるはずです。

　また，**時に雑談のような情報交換を教職員間で意識的に行うことも**大切です。新聞やネット記事を読んで感じたことなど，各種ツールを用いて情報交流することで，同僚性がさらに高まり，情報格差が埋まることが期待できます。

（小池　翔太）

情報モラルとどのように
向き合うか

　オンライン学習を推進する時に配慮するのが情報モラルとの関わりです。2020年以前は，様々な情報機器の使用について，学校では，学習者に対してむしろ慎重に扱うように指導するのが一般的でした。しかし，いわゆるコロナショック以降では，そのあり方が一変したところもあります。では，情報モラルとどのように向き合いながら，オンライン学習を推進していけばいいのでしょうか。

❶ まず一緒に取り組んでいく

(1) 情報モラルを過剰に意識しない

　オンライン学習によって，情報機器を扱うことで「子どもたちが情報機器を使って学習とは違うことをする」「様々な問題に巻き込まれる」といった懸念をされる方がいます。確かにその懸念はありますが，情報モラルの徹底を意識し過ぎてオンライン学習が進まなければ本末転倒になってしまいます。どんなに素晴らしい機材を使ってもうまくいかないことは起こりうるので，過剰に意識し，オンライン学習そのものをやめるのではなく，ルールを明確に示しながら，運営していく必要があります。そのため，時には「よくないことだ」と毅然と対応することも必要ですが，子どもたちと一緒にルールを学んでいくという姿勢を

持ち続けることが必要です。

❷　保護者と共に学んでいく

(1)　オンライン学習は家庭教育に効果的

　オンライン学習は，子どものみならず，彼らに関わる保護者の情報モラルの意識を高めることにもつながります。ひたすら禁止したり，怒ったりするのではなく，教師と保護者で一緒になって主体的にオンライン学習に取り組む環境をつくっていくことが必要です。具体的には次章以降で述べていきますが，「学校が」「保護者が」とそれぞれ押しつけ合うのではなく，一緒になって子どもたちの学びをどのようにすればよいかと考えていくことが重要です。

(2)　制約をいかに活かすか

　オンライン学習を推進しようとすると，「できないこと」や「危ないこと」がクローズアップされ，そこから発展しないことがあります。「○○してはいけない」から脱却し，できるところから始めてみてはどうでしょうか。公立学校ではより様々な制約を受けますが，その制約を逆に活かすぐらいの気持ちで取り組むことが求められます。

（長瀬　拓也）

対面授業ではないことを自覚する

先生が50分間話をし続けている動画。みなさんが子どもなら，そのような授業を受けたいと思いますか。

「オンライン授業＝対面授業」ではありません。しかし，全く別物というわけではありません。そこで，オンラインで行いたい授業スタイルを紹介します。

❶ 持ち込むことができない理由

(1) 活動には時間がかかる

対面授業と違って，オンラインでの学習は，子どもたちの活動に時間がかかってしまいます。なぜなら，わからないことがあっても，すぐに相談できなかったり，周りの状況やペースを感じたりすることができないためです。

(2) 一斉に○○するといったことができない

「一斉に音読する」「一斉に歌を歌う」といった「一斉に○○する」ことは，どうしてもタイムラグなどが起きてしまうため，揃うことがありません。

(3) 全体で話し合うことには向かない

例えば，テレビ電話アプリを使用する場合，発言する時以外はマイクをOFFにしています。なぜなら，マイク

ON ではクラス全員の声や生活音が入り混じり，授業どころではなくなるからです。そのため，一人が話をすると，他の子はだまって聞くという構図が自然とできます。それでは，全体で議論することには適していません。

❷　課題ベースの４つの型

　以上のことから「オンライン授業＝対面授業」とは考えず，一人で学んでいける課題をベースに，以下のような４つの学習の型（樋口，2020）で行うことを提案しています。

①課題提示→一人で取り組む→途中段階で提出→友だちの考えを見ながら自分の考えをアップデート→振り返り

　例えば，子どもたちが音読動画を撮影して提出した後，友だちの動画を見て，自分の音読をアップデートし，再度動画提出するような学習です。

②小さな課題→小さな課題→小さな課題

　例えば，「縄文時代の生活→弥生時代の生活→縄文時代の生活と弥生時代の生活の比較」というようなスモールステップの課題を提示します。

③１時間ずっと課題に取り組む

　例えば，社会科の歴史新聞をつくるなど，時間をかけて取り組む課題を提示します。

④動画を見る→課題に取り組む

　例えば，NHK for School の動画をみて，課題に取り組む学習です。

（樋口　万太郎）

もう一工夫加えた学習支援

　動画をはじめ，ZoomやG Suiteといった「オンライン学習」で使用されているツールは，**学習者支援のためのツール**だと考えています。「NHK for School」の理科の番組を使うと，家で観察・実験ができない子どもが学びを深めるための支援となります。

　そこで，こういったツールをそのまま使うのではなく，一工夫加えることによって，より学習者を支援することができます。

　ここでは，Web会議システムにもう一工夫を加えた学習支援のあり方について提案します。

❶　自習室に使用する

　筆者の学級で好評なのが，Zoom自習室です。リアルの自習室のように，それぞれ課題を持ち寄り，自習をします。わからない時は，**子どもたち同士もしくは教師とブレイクアウトルームを使い，教え合う**などを行っています。

❷　Zoom入室時の名前を工夫する

(1)　基本編

　【A　樋口万太郎】のように，名前の前に班のグループをつけておきます。そうすることで，グループ分けをすぐに

することができます。

(2)　応用編

　名前の前に，どのように自分が取り組みたいかを表すようにします。

　　１…１人で取り組みたい

　　グ…グループで取り組みたい

　　先…先生と取り組みたい

　また，「？…ヘルプマーク」も用意しておきます。このマークはヘルプを求めたい時につけるようにします。ヘルプマークをつけた時には，すぐにサポートできるように，時々名前をみておくことを約束しておきます。

❸　背景を工夫する

(1)　自分の考えを背景に載せる

　自分の考えをスクリーンショットや写真に撮り，背景に設定します。そして，その背景をみせながら説明をします。

(2)　背景の色を変える

　考え方が２つあった時，背景をブルー（賛成），ピンク（反対）に変えておくと，相手の考えがわかりやすくなり，議論をしやすくなります。

（樋口　万太郎）

様々なツールで学びの
組み合わせを考えよう

学習を支援するために，「Zoom」「G Suite」「Microsoft Teams（以下，Teams）」「MetaMoji Note」「ロイロノート」「YouTube」「NHK for School」など，様々なツールを使うことができます。これらは組み合わせることで，より効果的な力を発揮することができます。

❶ Zoom ×ロイロノート

ロイロノートで個人で思考したことを，Zoom で共有します。そうすることで，**お互いの考えをみた上で話を進めることができる**ため，より学びを活性化することができます。ロイロノートに書き込みながら話を進めることもできます。

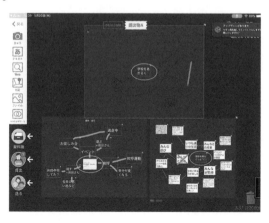

❷　Zoom × G Suite

「G Suite」のよさは，**スライドを数人で編集することができるといったように協同で学ぶことができること**です。

そこで，前述のようにZoomでつないでおくと，1つのスライドを編集したり，それぞれのページを編集したりしながら，グループで話をすることができます。これにより，対面型授業とほとんど同じようなことができます。

また，お互いのスライドにコメントを入れることができます。コメントをもとに修正したり，気になるコメントに直接話をしてもらったりすることで，より学びを深めることができます。

❸　ロイロノート× G Suite

ロイロノートは個人の思考を整理します。整理したことをもとに，G Suite で協同的に学習を進めていくことで，「自力解決→集団解決」の流れをオンライン学習でも行うことができます。

❹　NHK for School ×ロイロノート

NHK for School といった授業動画をみて終わりという**インプットだけの活動だけでなく，アウトプットをするといった活動をセット**することが大切です。

そこで，授業動画をみた後は，ロイロノートで内容をまとめます。そして，まとめたものを提出しておくことで，評価することができます。

（樋口　万太郎）

子どもの振り返りから 授業を修正する

　新型コロナウイルスの感染拡大防止による休校の前から，オンライン学習を行っていた教師は数少ないことでしょう。

　オンライン学習を考えることは，新たな学習の創造なのかもしれません。そのため，日々振り返り，改善をしていく必要があります。振り返るために，子どもたちの振り返りを使用することをオススメします。我々の気がつかないことを指摘してくれることもあります。

　そこで，筆者の学級で出てきた子どもたちの振り返り，そしてそれをもとにどのように改善したのかを説明します。

① 「友だちともっと話をしたいです！」

　Zoom，Google Meet（以下，Meet）といった Web 会議システムでは，その特性上，子どもの発言量が減ってしまうのは前述の通りです。

　そこで，発言量を確保するために，**3～4人のグループでの活動を多く取り入れる**ようにしました。

　さらに，以下のようなグループ活動

「①自分のグループで話し合い→②違うグループで話し合い→③自分のグループに戻り，再度話し合う」

を取り入れることで，発言量を増やすだけでなく，考えの交流をする機会を増やしました。

❷ 「Zoom に疲れました……」

　オンライン学習の2週目にこのような振り返りを書いている子が増えてきました。Zoom を多用した授業を多く行っていました。Zoom といった Web 会議システムは，高学年になっていくと普段よりも友だちの視線を感じる，画面をじっとみつめることにより疲れるといった負担感が子どもたちにはあるようです。そこで，本書 p.27の，「**B オンデマンド型**」「**D 課題提出型**」の授業を増やし，「**C ミーティング型**」を減らすことで改善しました。

❸ 「何の課題に取り組んだらいいかわかりません」

　課題ベースで授業を進めていった時，1日にいくつもの課題が出てきます。また，様々な理由で，オンライン学習に参加することができない子どももいます。

　そこで，教師だけでフォローをするのではなく，3〜4人のグループをつくっておきます。

　そして，1日の最後の時間に**グループの中でお互いにできていないことを確認**し合ったり，下図のように，**一人ひとりに TO DO リストを作成**したりするようにしました。TO DO リストは毎日更新をするようにしておきます。

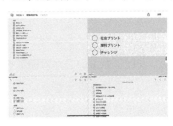

（樋口　万太郎）

通学での学びとの差異を活かす

　5月の終わりに，2ヶ月間取り組んできた「オンライン学習」の振り返りを子どもたちに書いてもらいました。すると，「対面授業がいい」「オンライン授業がいい」「併用がいい」の3つに分かれました。子どもたちの振り返りから考えた対面授業とオンライン授業の差異（堀田・樋口，2020）について説明していきます。

① 対面授業のよさとは

⑴ リアルな反応

　対面授業の1番のよさは，五感を伴うリアルな反応を教師も子どもも実感することができることです。オンライン学習では毎日お互いの顔をみて，話をしていたにもかかわらず，五感を伴わないため，このように考える子が多かったです。

⑵ 学びを深めることができる

　対面授業では，相手の雰囲気をみてすぐに相談することができます。しかし，**オンライン学習では，相手が何をしているのか，話しかけてもよいのか雰囲気をつかみづらい**ようです。そのため，自分の考えを言い合ったり，議論をしたりすることに満足できない子が多いです。

❷　オンラインでの授業のよさとは

⑴　自分のペースで学べる

　自分のペースで動画をストップし，気になるところを繰り返してみたりすることができます。

　また，自分の苦手な課題に時間をかけ，その分得意な課題には時間を短くするなど，自分のペースで学ぶことができます。教室では，ある程度みんな同じペースで取り組まないといけません。それが，オンラインではなくなります。

⑵　自分の距離感で参加できる

　対面授業で友だちとの関係，周りに悩みをもっている子どもたちは，ビデオを OFF にして参加したり，発表が苦手な子どもはチャットで参加したりすることができるため，気持ちが楽になるようです。

❸　with コロナの授業とは

　子どもたちの振り返りからわかるように，対面授業では集団での学びを深める場として，オンライン学習では個人での学びを進める場としてそれぞれのよさを活かしていくことで，よりよい授業の場になっていきます。その授業こそが with コロナの授業と言えると考えています。

（樋口　万太郎）

第1章 引用・参考資料

・波多野誼余夫編『自己学習能力を育てる 学校の新しい役割』東京大学出版会（1980）

・西之園晴夫・宮寺晃夫編著『教育の方法と技術』ミネルヴァ書房（2004）

・長瀬拓也「公立学校でもできる！ オンライン学習を進める学校の共通項 岐阜県中津川市立加子母小学校の取り組みに学ぶ」教育 zine，明治図書オンライン（2020）

・小池翔太「Microsoft Teams を学校全体で運用するポイント」千葉大学教育学部附属小学校『オンライン学習でできること，できないこと 新しい学習様式への挑戦』明治図書（2020）

・文部科学省「新型コロナウイルスによる緊急事態宣言を受けた家庭での学習や校務継続のための ICT の積極的活用について」（2020）

・文部科学省「GIGA スクール構想の実現について」（https://www.mext.go.jp/a_menu/other/index_00001.htm（2020年 6 月24日最終確認））

・小池翔太・大木圭「小学校における情報活用能力育成のためのカリキュラム・マネジメントを促進する「準専科教員」体制の試み」日本教育工学会2020年秋季全国大会（2020）

・Greenleaf, Robert K.（2002）Servant Leadership: A Journey into the Nature of Legitimate Power & Greatness. PaulistPress.：金井壽宏監訳・金井真弓訳『サーバントリーダーシップ』英治出版（2008）

・樋口万太郎・堀田龍也編著『やってみよう！ 小学校はじめてのオンライン授業』学陽書房（2020）

・石井英真『授業づくりの深め方 「よい授業」をデザインするための 5 つのツボ』ミネルヴァ書房（2020）

第2章

オンライン学習
のつくり方

　第1章を踏まえ，オンライン学習はどのように進めていけばよいか
を考えていきます。

　情報機器を配布するだけではオンライン学習を進めることはできま
せん。また，動画をたくさんつくればよいというものでもありません。

　対面授業において指導計画や方針を立てて臨むように，オンライン
学習においてもプランやシステムを構築して臨む必要があります。

　そこで，オンライン学習を行うためのシステムをどのように構築すればよいか，そして，オンラインでつなぐ家庭での情報環境をどのように是正していけばよいか，さらには，オンライン学習のための職場環境の協同性や教師の働き方をどのように考えていけばよいかについて言及します。

　その上で，オンラインでの学習内容をどのように配信し，学習していけばよいかについても考えていきます。

プラットフォームを整える

　オンライン学習を始めるにあたって，学習者に何をするべきかをアナウンスやガイダンスでき，可能であれば，ネット上で学習課題や学習内容の情報を取り出せる場所をつくることが大切です。私たちは，この場所をプラットフォームと呼んでいます。

● プラットフォームは学習者の道標

(1) 学習活動を始めるための場所

　オンライン学習を始めるにあたって，まずプラットフォームの構築を目指すことが大切です。「IT 用語辞典e-Words」では，プラットフォームとは，「台，壇，台地，高台，舞台，演壇，乗降場，綱領などの意味を持つ英単語。ITの分野では，ある機器やソフトウェアを動作させるのに必要な，基盤となる装置やソフトウェア，サービス，あるいはそれらの組み合わせ（動作環境）のこと」と定義づけています。

　私たちが学ぶ研究会の中で，最初にプラットフォームの有効性を主張したのは，樋口万太郎先生でした。オンライン学習をする場合，学習活動を起動させるための「舞台」が必要であり，そこを目指せば様々なことが見通せる高台のような存在が必要になります。

(2)　何を学べるかがわかる場所

　プラットフォームの構築として，大切なことは何を学べ
ばよいかがわかる場所をつくることです。例えば，
YouTube に動画をアップした場合，毎回そのことを学習
者に伝えていては，大幅な時間がかかります。また，メー
ルを送る場合も，学習案内のメールがたまっていき，整理
できない状況になる可能性があります。

　そのため，何を学べばよいかがわかり，そのための学び
の内容を自分で好きに取り出せる場所が必要です。この場
所を使って，自分が何を選び学ぶかを決めることを通して，
「独立達成傾向」をもつ学習者（波多野，1980）を育てる
ことにもつながります。

(3)　有料から無料まで幅広く存在している

　こうしたプラットフォームは，有料のものから無料のも
のまで幅広く存在します。詳しくは第3章で紹介しますが，
金銭的な余裕がないものの，使用への制限が少ない場合は，
無料のプラットフォームを活用することをおすすめします。
また，制限が多く，なかなか導入が難しい場合は学校ホー
ムページを利用するといいでしょう。アイディア次第でオ
ンライン学習の司令塔であるプラットフォームをつくり出
すことができます。

（長瀬　拓也）

できるところから始めることが大切

　オンライン学習のプラットフォームを構築したら，まずできるところから始めていくことが大切です。すべてをいきなり始めるよりは，子どもたちの実態や学校の現状に合わせ，取り組みながら修正していくようにしましょう。

① 4つの枠を意識しながら取り組もう

(1) 同期でも非同期でもいいので，できるところから

　前章で紹介したオンラインによる学習活動は，

　　・同期で一方向

　　・同期で双方向

　　・非同期で一方向

　　・非同期で双方向

の4つに大きく分類することができます。

　ただし，この4つが明確に分類されている

	一方向	非同期
同期	A ライブ講義型 ライブ型の動画配信	B オンデマンド型 オンデマンド型の 動画配信 プリント学習
	C ミーティング型 テレビ電話ツールを 用いた双方向アプリ	D 課題提出型 手紙・メールやSNS などの双方向アプリ
	双方向	

オンラインにおける学習活動の分類
（長瀬（2020）をもとに作成）

わけではありません。例えば，動画配信中にコメントをもらうと，一方向だったのが双方向に変わるように，学習活動によって，その枠にはゆらぎが生まれますので，あくまでも目安として考えておきましょう。

⑵　ニーズをキャッチしてできるところから

　オンライン学習を始めるにあたって，アンケートをすることも効果的です。別項で紹介しますが，無料で素早く多くの方にお願いできるアンケートフォームがあるので，そういったものを使い，家庭での情報環境を聞くだけではなく，どんな学習を望んでいるかを聞くのもよい方法でしょう。もちろん，そのアンケート通りにすることは難しいかもしれませんが，様々な意見をもとに今できることから始めることをおすすめします。

❷　活動しながら見直しをすることも大切

⑴　ズレは必ず生じるもの

　例えば，動画の配信を多くしたい家庭と双方向で子どもと先生を結んで欲しいといった家庭のニーズのズレが起きる場合があります。ニーズのズレはまず起きてくるので，アンケートを参考にしながら様々な方法を考えていきましょう。

　その上で大切なことは，**無理をしない**ということです。できるところから取り組んでいき，保護者にも協力を求め，一緒につくり上げていく姿勢が求められます。

（長瀬　拓也）

学習内容の配信方法を考える

　学習内容の配信方法を考えると，どうしても動画をイメージしてしまうことが多いのですが，学習の保障という視点から考えると，いかに学びが深まるかが大切です。そのため，より多様な配信内容や方法の選択肢を考えることが求められます。

● 動画ありきで考えない

(1) プリントでも構わない

　学習者にとって，より効果的であるならば，どのような方法でも構いません。例えば，プリントの方が効果的であれば，プラットフォームから PDF などの形式で配信すればよいでしょう。音声のみでも学習がより深まる場合もあるかもしれませんし，NHK の動画を見た後で感想を書く，という活動でもいいのです。

　大切なことは，学習活動とそれらを実現するためのツールを用いることで，学習者にとってより効果を上げることができるかです。

　そのため「オンライン学習＝動画配信」という固定観念を捨て去ることも大切です。あくまでも，動画は一つの方法にすぎません。

⑵　いい動画を探すことも仕事の一つ

　動画を見て学習効果を高めたいと考えた時，まず既存の
もので対応できないかを考えることは極めて有効です。対
面でも全ての教材を教員がつくることは少なく，今まである
るものの中で選んで学習を展開しているはずです。また既
存のものを使った方が動画を編集したり，アップしたりす
る労力を減らすことができます。

⑶　学習内容を様々な方法で配信することのよさ

　オンラインで配信する内容や方法を考えると，以下のよ
うなものがあります。例えば，

・文字ベースのもの

　→プリント，ノートへの指示，指定図書と感想

・音声・写真

　→音声での指示や説明，写真の読み取り，説明

・動画

　→ NHK や既存の動画，自作動画

・双方向でのやりとり

　→ Zoom などのアプリの使用，メール，SNS，手紙

などが挙げられます。様々な方法で配信することによって，
学習者にとってはマンネリにならないという利点もありま
す。

（長瀬　拓也）

双方向のシステムを考える

　双方向のシステムを手にすることは**「教員の自宅から，子どもや家庭とつながれる」**ことを意味します。この事実に，教員はどのように向き合っていけばよいのでしょうか。

❶ 「生活の中に仕事が入る」ジョブ型雇用に学ぶ

　「生活と仕事が分かれている」働き方の価値観や制度だと，双方向のシステム導入によるデメリットを多く想像してしまいがちです。「一人ひとりの子どもにかける時間が膨大になる」「子どもからの質問が退勤してからも見えてしまう」といった具合です。双方向のシステムを全校導入した筆者の勤務校でも，避けては通れない課題となりました。これらが，導入しない言い訳になってしまいかねません。

　with・after コロナの時代に，双方向システムのメリットを享受するために，**「生活の中に仕事が入る」ジョブ型雇用から学べることがある**と筆者は考えています。日本マイクロソフト業務執行役員の西脇資哲氏は，テレワークに関する講演で「無駄な制約や義務で縛るのではなく，成果重視で仕事を効率よくこなす人を評価する仕組みへの移行が求められています」と提言しています。

　この価値観や制度の転換は，教員の働き方ですぐ実行で

きるものではありません。双方向のシステムを活用した実践を熱心に発信している教員は、その裏で膨大な働き方をしているかもしれません。こうした情報を「特別な環境下の教員だから」と否定せず、地域や学校の実情を踏まえて何かヒントがないかと探す姿勢こそが、自身の働き方を効率化することにもつながります。「教員の自宅から、子どもが家庭とつながれる」ということを、全教員が納得して受け入れられるような働き方の整備を目指していきましょう。

❷ 「慣らし期間」という割り切り方

双方向のシステムは、**子どもたち同士でのやり取りが活発になる分、導入初期に膨大な投稿数が並んでしまうこと**がよくあります（小池，2020）。「この状況が続くと働き方がますますひどくなる……」と感じてしまうかもしれません。

しかし、導入初期は「慣らし期間」と割り切ることが大切です。本書でも**「最初からうまくいかないことを知っておく」「完璧を求めない」**など、その心構えについて指摘しています。これは、日頃支援してもらうことになる保護者にも、伝えていく必要があるでしょう。

双方向システムを、子ども・家庭・教員というそれぞれの立場の人たちにとって充実したツールになるよう、長期的な視点に立って導入の戦略を考えていきましょう。

（小池　翔太）

アンケートを使い，状況を把握する

　オンライン学習を行うにあたって，家庭の協力は必要不可欠です。新型コロナウイルスによる一斉休校時，保護者には肯定的に受け入れられやすいと言われていましたが，どのように家庭の状況を把握すればよいでしょうか。

❶　アンケートもなるべくオンライン化を

　オンライン学習を始めるにあたって，学校と保護者との連絡手段がオンライン化されていないと，子どもから見て**「何で大人同士はプリントで連絡しているの？」**と思われてしまいかねません。よって，**アンケートもなるべくオンライン化することが望まれる**と言えます。具体的には，本書第3章で述べていくように，メール配信サービスや，各種プラットフォームサービスによる Web アンケートなどが挙げられます。

　アンケートのオンライン化を進めるにあたり，**自治体や学校のガイドラインを見直す**必要も出てくると考えられます。Web アンケートのサービスの多くは，インターネット上のデータを保存するクラウドサービスを利用しています。スマートフォンが普及した今でこそ，撮影した写真をクラウド上に保存することは一般的になりましたが，学校では未だそのサービスを利用できないということが多いで

す。もちろん，セキュリティの配慮は必要です。オンライ
ンでアンケートを行う場合であれば，**学年・組・出席番号・子どもの下の名前をひらがな表記で**，などと一定の配慮を行うことが考えられます。紙に書いた個人情報のあるアンケート用紙を子どもに渡すよりも，危機回避できる上に効率的であると言えるでしょう。

❷　パソコン必携の固定観念を崩す設問

　保護者にとってオンライン学習は，パソコンに向き合うイメージをもつことが多いです。そこで，**パソコン必携であるという固定観念を崩すよう，アンケートの設問を工夫する**ことが大切です。第4章の非同期配信，第5章の双方向システムの多くはスマートフォンでも利用できます。

　筆者の勤務校では，メール連絡網サービスを使って，「児童がスマートフォン，タブレット，パソコン等で**インターネットに一日のうち数分でも接続することができますか**」という設問項目にしました（小池，2020）。それに対して，「①できる・②できない・③機器はあるがネット接続できない・④ネット環境はあるが機器がない・⑤できるが容量制限が厳しい」という回答項目にしました。

　前章で述べたように，GIGA スクール構想による1人1台端末整備で，学校のパソコンを家庭に持ち帰りやすくなります。状況を踏まえて，アンケートを工夫しましょう。

（小池　翔太）

家庭への参加の
呼びかけと対応

　新型コロナウイルスによる緊急事態宣言下では，多くの保護者が在宅勤務となり，家庭でのオンライン学習の支援もしやすい環境でした。では，それ以外の状況では，どのように家庭への参加の呼びかけをすればよいでしょうか。

①　日頃から保護者の声に耳を傾ける

　参加の呼びかけをする前提として，**日頃から保護者の声に耳を傾ける体制を整えておく**ことが重要です（小池，2020）。筆者の勤務校では，管理職が作成する学校だよりに，**Web アンケート回答用の QR コードを貼りつけて配付**していました。保護者も教員も未経験であるオンライン学習という新たな取り組みを進めるにあたって，学校に対する意見は大変重要な情報になりました。

　保護者にとっても**「何かあったら学校に意見を言うことができる」という場があるだけで安心感が生まれる**はずです。これにより，学校から家庭へのお願いについても，協力してもらえることが期待できると考えます。

②　厳格なルール対応と相談窓口の明記

　参加の呼びかけをする文書をつくる際は，**必要最低限の情報に留める**ことが大切です（小池，2020）。情報教育担

当の筆者は，オンライン学習を始めることをお知らせする保護者宛文書を作成する際，次の2点を工夫しました。

　1点目は，**厳格なルール**を伝えたことです。具体的には，「**アカウントの管理やアプリの利用，書き込み等を行う際は，保護者の方の管理下でご対応ください**」ということです。サービスによっては，個人アカウントの所有は13歳以上という利用規約の場合もあるため，確認が必要です。

　2点目は，**情報教育担当者の連絡先を明記すること**です。筆者の場合は，校務用メールアドレスが交付されているため，それを載せました。「保護者からの情報が殺到してしまうのでは」と思われてしまうかもしれませんが，**試行的に導入するというスモールステップで始めた**ために，大きな混乱はありませんでした。

❸　リアルな試行錯誤の過程を発信する

　自校のWebサイトで日頃の様子を発信する学校は多くなりましたが，**教員がオンライン学習を進める際の試行錯誤の様子や，オンライン学習に対する保護者の実態調査の結果などを広く発信する**ことも大切です。筆者の勤務校では，子どものプライバシーに配慮した上で，管理職がFacebookページでこまめに情報発信しています。

　多くの人たちに学校を応援してもらえるようにすることで，保護者にもオンライン学習に協力いただけるはずです。

（小池　翔太）

家庭における情報環境の整備とサポート

　学習内容の配信方法で一番の懸念となるのが情報環境の整備と格差是正です。特に公立学校の場合はその点が顕著だと言えます。しかし，アイディア次第で環境整備と格差の是正は可能だと考えています。

❶　まず，実態を知ることが大切

(1)　家庭の状況を丁寧に把握する

　まず，アンケートなどを通して，家庭の状況を丁寧に把握することが大切です。

　　・情報機器の有無
　　・Wi-Fi をはじめとするネットワークの有無

の２つを把握するだけでもオンライン学習を始める上で有効な情報になります。

(2)　最も多い状況に合わせてオンライン学習の計画を考え，困難な家庭に対して個別の対応を取る

　例えば，Wi-Fi がない，ネットワークがつながらない家庭がわかったとします。その場合，該当の家庭数が少ない時は個別に対応することを考えます。大勢の家庭がつながっていれば，まず基本方針として学習内容の配信を考え，参加できない家庭が参加できるようにするにはどうすれば

よいかを考えます。

　例えば，アンケートをもとに，動画配信を増やすのかプリントを中心としたものにするのかといった方針を立てることができます。

2 協力を求める

(1) 様々な場所に協力を求める

　情報環境が難しい家庭に対して，その家庭に協力を求めることはなかなか難しいと言えます。そのため，PTA をはじめとする保護者会，地域，企業，NPO，行政など様々なところに協力や支援を求めます。財団などの寄付や研究費も考えることができます。教育委員会にも具体的な支援方法を求めると動きやすいかもしれません。また，保護者間同士のつながりを生かすこともできるでしょう。

(2) 学校で情報を得る方法もある

　それでも難しい場合は，子どもが学校にきて取り組んでもらうというのもいいでしょう。新型コロナウイルス感染拡大防止のための休校時には，公立学校では児童預かりをしている所もありました。そうした預かりの時間を利用してオンラインの学習や双方向のやりとりを教員と一緒にすることも可能です。

　情報環境が厳しいため，他の家庭も同様に行わないのではなく，どの家庭でも行うためにどのようにすればいいかを考え，協力を求めることが必要です。

（長瀬　拓也）

教職員をネットワークで結ぶ

　家庭の情報環境の整備や格差是正と共に大切になってくるのが教職員全員をネットワークで結ぶことです。一人でも参加できない状況にならないように工夫することで，学校全体でオンライン学習を進めていくことができます。

● まずは職員会議をオンラインでやろう

(1)　教職員にも情報環境アンケートを実施する

　家庭へのアンケートと同様に，教職員の情報環境を把握することも大切です。例えば，

- ・スマートフォンをもっているか
- ・毎月何 GB まで使えるのか
- ・テザリングはできるのか
- ・自宅にパソコンやタブレットはあるのか
- ・有線 LAN や Wi-Fi 環境はあるのか
- ・業務でそれらを使うことを承諾してくれるか

などを確認することが大切です。

　もし，機器がない，個人所有のものを使いたくないという教職員には機器の貸し出しを検討することから始めましょう。出勤可能なら，学校の機器・環境を使ってもらってもよいでしょう。

⑵　丁寧な研修で一人も置いていかないようにする

　まずは Zoom などを使って職員会議の開催を目指します。初めて使う教職員もいるので，丁寧な研修が重要です。手順のマニュアルがあるといいでしょう。一度つくってしまえば，保護者用として再利用することも可能です。また，得意な教職員がサポーターとして苦手な教職員のフォローをすることも大切です。チームワークで研修を行いましょう。

　研修の最初に，「今日のゴールは全教職員が安心して Zoom に参加できることです」と伝えておくと苦手な教職員も安心して，質問することができます。

⑶　職員会議をやってみよう

　ここまでできれば，いよいよ実践です。職員会議や職員朝会（夕会）をオンラインでやってみましょう。ここで重要なことは，**最初はうまくいかないことを知っておく**ことです。「押すボタンがわからなかった」「Wi-Fi が切れていた」「集まる時間を間違えた」など，最初のうちはトラブルの連続です。しかし，毎日続けていくうちに，苦手な先生も慣れていきます。筆者の学校でも，最初の数日はなかなか全員集まれませんでした。しかし，1週間もすれば全員が時間通りにオンライン上の会議室に集合できました。

　「自分の学校では絶対に無理」と思わず，まずは教職員がオンラインで集合してみましょう。

（秋山　貴俊）

苦手な教員が安心できる
工夫を

　情報機器に苦手意識をもっている教員は少なくありません。そんな方にも安心して使えるように，しっかりとサポートすることがオンラインでの学習を成功させる秘訣です。

➊　まずは子どもの気持ちになってみる

⑴　模擬授業に参加してもらう

　苦手な教員の多くは，オンラインでの学習への具体的なイメージがありません。Zoom での授業，YouTube での動画配信，ロイロノートでの課題配布などと言われても，イメージが全くもてません。そのため，イメージをもってもらうには，授業に参加してもらうことが一番です。そこで，教員間で模擬授業をやってみましょう。

⑵　Zoom 模擬授業を成功させるコツ

　最初の模擬授業は，Zoom などを使った双方向の授業がおすすめです。リアルタイムでリアクションがある方が，楽しく体験することができます。

　模擬授業の授業者は情報機器を使うのが苦手な教員にお願いするとよいでしょう。ポイントは，機器の操作は他の教員が行い，授業者はカメラの前に立ち画面を見ながら話すだけという環境で行うことです。

　苦手な教員にも「これならできそうだ！」と思ってもらうことが大切です。

❷　ペアになって模擬授業しよう

　次に全員が模擬授業を授業者として体験しましょう。機器の管理者と授業者のペアをつくって，模擬授業を行いましょう。機器のことはわからないけれど，授業づくりなら誰にも負けられないという先生も多いはずです。きっと，いろいろな工夫がみられると思います。

　筆者の学校では，Zoom を活用した授業がスタートしても，しばらくはパソコンを操作する教員（管理者）と授業をする教員（授業者）」の2人1組で授業を続けました。

　しかし，自分一人で授業がしたいという気持ちが強い教員は，どんどん機器の操作を覚え，あっという間に一人で操作もできるようになりました。オンラインでどんな授業ができるのかを体験してみることで，苦手な教員も具体的なイメージがもてます。そして，操作方法さえ覚えれば，一人で授業ができるようになります。

　最初に，「私にもできそうだ！」と思ってもらうことが何よりも重要です。

（秋山　貴俊）

今あるコンテンツを
最大限活かす

　世の中に優秀なコンテンツは，たくさんあります。NHK for School といった無料動画もあります。休校期間中は，無料プリントを配布している出版社などもありました。そういったコンテンツを活かすことがオンラインの学習を展開する上で大切です。

① 持続できる取り組みか

　4月のはじめ，「1本の動画をつくるのに4時間かかった」というニュースが飛び込んできました。私は「子どもたちのために先生は熱心で素晴らしいな」と思いました。

　その一方で，「1本の動画に4時間もかかったのか。毎日動画をつくることができるのかな」という取り組みの**「持続性」に疑問が湧きました。**

　自分たちで動画をつくることも大切です。担任として子どもたちへのメッセージや思いを込めることができます。

　しかし，教員は授業動画作成以外にも，子どもたちの実態を把握することや学校の取り組みなどの仕事があります。時間は有限です。限られた中で，最大限のことをすることが大切です。

　だから，そのためにも使えるコンテンツは最大限に活用していくことが大切です。

② 活用するために

　私は，コンテンツを活用するための手順を以下のように考えています。

　①授業内容を決定する

　②授業で使用できる動画を探す

　③自分が探している動画がない場合に作成する

　動画を作成する時には，「1時間の授業の進め方の説明」や「内容の説明」を長くても**10分以内で作成**するように心がけています。YouTube世代の子どもたちです。10分以上の動画は，なかなか集中しては見てくれません。

③ 完璧を求めない

　人気YouTuberの動画を見ていると，話し方や内容が「完璧」ではないことに気がつきます。「完璧」よりも「素」が出ている動画になっています。「素」だから面白いのです。そして，そこには，台本などはありません。

　そこで私は基本的に台本もなく，一発録りを提案しています（堀田・樋口，2020）。

　普段の授業でも，45分の台本を用意しません。授業動画だからと身構えてしまうかもしれませんが，教員が普段のように話をしている様子やライブ感に，安心感をもつ子が多いのではないかと考えています。

　　　　　　　　　　　　　　　　　　　　　（樋口　万太郎）

リモート（在宅）でもできる
工夫をする

　今回の新型コロナウイルスによる休校は，私たち教師の働き方にも大きな影響を与えました。公共交通機関を用いた通勤だけでなく，校舎内に長時間留まることも危険視されたため，在宅勤務を余儀なくされたのです。そこから始まった在宅での試行錯誤は，在宅でもできることから，在宅でしかできないことへと進化していきました。

● 在宅での授業づくり

　来週から校地への立ち入りを禁止する」と通告された時，私たちがまず行ったのは，教室で授業動画を撮りためることで

した。1時間の授業で伝達すべき内容を15分程度にまとめて，ホワイトボードに書き込みながらパソコンのカメラで録画する。これが4月当初のオンライン学習（授業）のイメージだったのです。

　在宅勤務になり，撮りためた動画のストックが減ると，自宅で授業をつくらなければならなくなり，頭を抱えました。授業の中心となる教具のホワイトボードがないため，板書をメインとしたいつもの授業を構想できないのです。

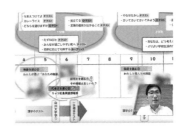

急遽，家にあるスケッチブックやマグネットボードといった教具の代替になるものを探し，様々なアプリを調べました。その結果，目的に応じて次の3形態で授業動画を配信することができるようになりました。1つめは**プレゼンテーションソフトの動画撮影機能**を使ったものです。これは，物

語の読解のように，決められた教材に解説を加えるような授業に用いています。2つめは**Web上の動画撮影ソフト**を使ったものです。これは，子どもの学習成果の称賛といった情緒に語り

かけるような授業に用いました。3つめは**反転学習用の手書きアプリ**を使ったものです。これは新出漢字の学習のように，書き込むよさを示したい授業に用いました。

　このような，授業の目的に応じて表現方法をがらりと変えるような工夫は，板書のみで授業を考えていた時には思いつきませんでした。在宅勤務で教材をつくり，動画を配信するという必要に迫られたからこそ生まれたものです。

（宍戸　寛昌）

動画配信の効果的な方法

　授業動画を配信する際，無料で利用でき，広く使われている YouTube 等のコンテンツサイトはとても便利です。その反面「どの動画を見ればいいのかがわかりにくい」「目を離すと授業とは関係ない動画ばかり見ている」というデメリットも保護者から必ずあがります。動画を配信する時に留意すべきアクセシビリティとはどのようなものでしょう。

❶　授業動画へのアクセシビリティを上げる

⑴　再生リストを作成する

　各教科で連日配信を続けていると，あっという間に数十もの動画がたまってしまい，目的のものを見つけにくくなります。そこで，教科だけではなく，単元，領域ごとに再生リストをつくっておくと便利です。例えば国語であれば「授業」「漢字・言葉」と大きく分けた後，「話すこと・聞くこと」「読むこと」「書くこと」のような領域や「４月」「５月」といった時系列で分けておくのです。この時，「0413国語５年『なまえつけてよ』①」のように，日付順にソートされやすく，子どもにも一目でわかる動画タイトルにすることが大切です。

(2)　リンクページを作成する

その日に取り組む授業に関係する動画だけを見せたい場合には，専用のリンクページをつくるのも便利です。「Google サイト」などの簡易ホームページ作成ソフトを使えば，必要な動画にリンクするサイトを簡単につくることができます。

２　他の動画へのアクセシビリティを下げる

(1)　視聴制限のできるサービスを利用する

YouTuber やゲームの動画など，授業に関係のない動画を目に触れさせないためには，最初から「YouTube Kids」などの管理者権限が強く適用されるソフトを使うことが有効です。保護者に設定してもらう必要はありますが，子ども向けではない動画を視聴する可能性が大きく減ります。

(2)　ループ再生にする・関連動画を非表示にする

授業動画の再生が終わった後に表示される，関連動画の紹介をさせないためには，ループ再生にしておくといいでしょう。また，最初から関連動画を表示させない方法もあります。いずれも動画にリンクする URL にいくつか加工する操作が必要となります。これまで YouTube のような動画を見せるか否かは家庭の問題として議論を避ける風潮がありました。しかし，授業動画の配信を考えると，保護者も子どもも安心して視聴できるような環境をつくり出すことが求められます。

(宍戸　寛昌)

動画配信の時間的目安

　どんなに興味深い授業動画であっても，長時間見続けていれば必ず飽きてきます。動画のアナリティクスページを見ると，５分を越えた辺りから急激に視聴者維持率が下がりますし，早送りをしてまとめ部分だけを見る子どもが多いという話も聞きます。では，授業動画はどれぐらいの長さを目安にすればいいのでしょうか。

①　10分を１トピックでつくる

　授業動画は，たとえ１分でも短ければ短いほどいいと考えています。その上で，子どもたちの集中力の続く限界から，最長でも15分以内でつくらなければなりません。ですから，10分程度が目安となります。ここに収まりきらないということは，教材を詰め込みすぎているか，教えよう，説明しようという意識が強すぎると考えられます。一つの授業動画で扱う指導内容は１トピックに絞り，あれもこれもと欲張らないようにしましょう。また，動画はただでさえ一方向に情報が流れるという特性をもっているので，くどくどと指示や説明を受け続けることは，子どもにとって苦痛でしかありません。「教える」のではなく「気づかせる」ことを意識して授業を進めていきましょう。

② 同じ長さの動画でも飽きさせない工夫を

10分間というのは，あくまでも目安です。同じ10分でもあっという間に過ぎる面白い授業もあれば，30分にも感じるつまらない授業もあるからです。そこで，子どもの体感時間を短くするポイントを紹介します。

①授業の見通しをもたせる

今日の授業動画で示される内容を知っていれば，子どもは視聴している自分の立ち位置を確認し，集中力をうまく配分することができます。最初に本時のトピックを示すようにしましょう。

②課題を与える

動画の最後，または動画とは別に課題が用意してあると，子どもは集中して動画の内容を理解しようとします。簡単なもので構いませんから，準備しておき，動画の最初に伝えるようにしましょう。

③選んで見られるようにする

どうしても詳しい解説が必要で15分間を越えてしまう場合，動画の頭出しができる目安の時間を示すとよいでしょう。必要な部分を選んで視聴するという能動的な活動を加えることで，長い授業動画も飽きずに見られます。

いずれも教室の授業でも共通して役立つ技だと言えます。

(宍戸　寛昌)

動画配信で留意すること

　新型コロナウイルス感染拡大を防ぐための休校措置により，2020年の春には日本全国で様々な授業動画がつくられることになりました。配信対象が自クラス・自校という小規模なものから，教育委員会が主導した広範囲を対象とする大規模なものまで，人員や機材，撮影方法すら異なる様々な授業を見ていると気づくことがあります。それは，わかりやすい授業動画ほど飽きやすく，対象として想定する子どもの数が増えるほどつまらなくなるのではないかということです。では，子どもたちがが動画に関心をもち，楽しく学習に取り組むためには，どのようなことに留意すればよいのでしょうか。

❶　目的・方法に応じて配信すること

　筆者は5年生の国語を専科で担当しています。そこで，国語の動画は「授業」「漢字」「言語力向上」「操作方法」の4つのチャンネルに分けて配信しています。基本的に「授業」で配信する動画は1時間単位の授業内容を扱っており，複数回見ることを前提としていません。ですから，教師のアドリブが多く，単元の文脈に依存しており，単体の動画としてはわかりにくいという側面があります。それに対して「漢字」で配信する動画は繰り返し見ることを前

提としています。教師の顔は見えず，同一フォーマットで
作成し，解説も必要最小限にしています。これは，次年度
以降の5年生も見ることを前提としているためです。この
ように，動画を作成する時には子どもがどう利用するのか
を意識して，その目的に合致した内容の動画をつくる必要
があります。教室の対面授業のようにオールインワンでは
なく，ピンポイントの目的にマッチングしていることが，
配信される動画には求められます。

❷　子どもの個に応じて配信すること

　教室の対面授業との対比として，オンライン学習では個
別最適化がしやすいことが挙げられます。例えば，採点し
たテストを配付する際，正答と題意の解説をすることにな
ります。教室で行う場合には，満点を取った子どもも3割
しか取れていない子どもも，同じ時間を使い，同じ内容の
説明を受けることになります。この個に応じきれていない
ジレンマも動画配信の仕方で改善できるのです。最初から
最後まで通して作成した解説動画を小問題ごとにタイトル
を入れて区切れば，間違えた問題だけを見ることにつなが
ります。また，板書しながらでは時間がかかりすぎる複数
の誤答に対応した解説なども，動画配信ならではの方法だ
と言えます。さらに動画だけでは理解と定着が不十分な子
どもに対してはZoomなどを利用した個別対応まで考慮に
入れておくと効果的な学びにつながります。

（宍戸　寛昌）

プリント，ノートとの連動を考える

　「動画を見る授業ではノートを書くのですか？」という質問を子どもからよく受けます。授業動画をテレビ番組のように眺めているだけだと，ノートをとる間もなく終わってしまいます。ただ，教室での授業と同じように，示される情報を一時停止しながら全てノートに写すのでは，それだけで疲れてしまいます。動画とプリント，ノート，それぞれのよさを活かし合う授業とはどのようなものでしょう。

❶　プリントと授業動画の連動

　動画配信による授業の弱点は，以下のようなプリントのもつ機能により補うことができます。

①視認性の高さ

　プリントは一目でどこに何が書いてあるかを把握することができます。動画が何を説明しているのかわからなくなった時も，プリントを併用することで現在の学習上の立ち位置を確かめることができます。

②成果の可視化

　動画は時間をリソースとするインプット教材なので，多くの時間を視聴に費やしても目に見えて残るものはありません。それに対してプリントは空間をリソースとするアウトプット教材のため，学習の成果が形として残るというよ

さがあります。動画の学習進度をプリントに記録したり，プリントを累積したりすることで可視化された学習の成果は，子どもの意欲を高める一助となります。

③学習の基地

　動画でわからなかった点について，さらに違う動画をつくって解説しても子どもの理解は深まりません。学習の進め方がわからず困った時や，思考が抽象化して煮詰まった時に，手元にあるプリントでもう一度本時の課題や活動を確かめられるようにすることで，子どもは安心して学習に取り組んでいきます。

❷　ノートと授業動画の連動

　授業動画配信に，教室のもつオールインワンの機能を求めてはいけません。例えば，板書をノートに写すことによる学習効果一つとっても，教師の問いかけや友だちの反応等で文脈化されないと高まらないものだからです。オンライン学習におけるノートの活用は以下の用途を中心に考えていきましょう。

①アイディアを書き出す場所として

　授業動画を見る前に，自らの内にある課題意識や既有知識を書き出し，構えをもたせる場としてノートを使います。

②自らの意見をまとめる場所として

　授業動画を見た後に，自分が大切だと思った内容をまとめ，意見を形作る場としてノートを使います。

（宍戸　寛昌）

第2章 引用・参考資料

・「プラットフォームとは」『IT 用語辞典 e-Words』㈱インセプト
・Empowered JAPAN 緊急ウェブセミナー「テレワークに必要なマ
 インドセットとテクノロジー（日本マイクロソフト業務執行役員
 西脇資哲）」
 【YouTube】https://www.youtube.com/watch?v=TpKlyuZ6HO4
・小池翔太「Teams を活用しよう」佐藤正範編著『70の事例でわか
 る・できる！小学校オンライン授業ガイド』明治図書（2020）
・小池翔太「Microsoft Teams を学校全体で運用するポイント」千
 葉大学教育学部附属小学校『オンライン学習でできること，でき
 ないこと　新しい学習様式への挑戦』明治図書（2020）
・樋口万太郎・堀田龍也編著『続　やってみよう！小学校はじめて
 のオンライン授業』学陽書房（2020）

第3章

プラットフォーム
を整える

　オンライン学習を進めていくために必要なシステム構築の一つとして，プラットフォームを整えることが挙げられます。

　プラットフォームとは，ネット上の駅のようなものです。そこに集まってくる子どもたちを様々な学びの列車にのせていくような場をつくる必要があります。

　このようなネット上の場づくりについて述べると，金銭的な課題を
考える方もいるかもしれません。
　そのため，この章では，無料のプラットフォームなど，お金がなく
てもできる方法も紹介しています。
　その上で，プラットフォームづくりを進める上での留意点も述べて
いきます。

配信方法の前に伝えたい「思い」を明確に

プラットフォーム構築で大切なことは，どのような情報をどうやって伝えるかを考える前に，どのような学習者になってほしいか，学習者に何を伝えたいかを明確にすることです。そうした学習者に届けたい教師側の思いや願いから，配信方法の解決につなげていくことができます。

➊ オンラインこそ学習者の姿を思い浮かべて

⑴ 西之園の MACETO モデルに学ぶ

西之園（2004）は，「MACETO モデル」を用いて授業を設計し，その枠組みの中で実践をしてきた結果から，次のような仮説としての命題を結論づけています。

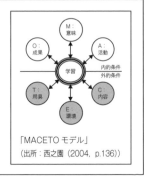

仮説 学習者の内的条件を整えることによって，外的条件が十分でない場合でも，その困難を克服して主体的学習を実現することができる。

（西之園，2004, p.139）

「MACETO モデル」
（出所：西之園（2004, p.136））

プラットフォームを考える時，どのように配信するかといった方法に目が行きがちです。しかし，大切なことは**学**

校として，学年として，一人の教師として，目の前の子どもたちにどんな力をつけたいかを考えることです。そして，その子の抱えている家庭を思い浮かべながらその子にとっての学習の意味を考え，どのような学習活動が展開されるかを思い浮かべることによって，適切な学習内容や課題が生まれてきます。

　このような学習者への内的条件を整えることができれば，配信方法といった外的条件は工夫次第で克服できます。

② 伝える方法は無料でも可能

(1) 伝えたい思いが明確であれば伝えたくなる

　伝えたい思いが明確であれば，「どうしても伝えたい」と考えるため，必然性が生まれ，その方法を模索します。

　例えば，学習内容や活動方法を伝えたいと思えば，学校のホームページに PDF にして載せるなどのアイディアが生まれてきます。

　つまり，情報機器をいかに使うかを考えるのではなく，はじめに伝えたい思いを大切にすることが重要です。その上で，どのように伝えるかを考えることで，よりよいプラットフォームづくりが可能になります。

（長瀬　拓也）

学校ホームページを課題提示サイトとして活用する

　プラットフォーム構築で学習者に伝えたいことが明確になったら様々なアプリケーションを活用していきます。プラットフォームには，無料のものもありますが，ここでは，管理権限が学校にあり，公立学校ですぐ始められる学校ホームページを活用したプラットフォームの作成方法について紹介します。

① 学校ホームページを今こそ活用する時

(1) 学校ホームページのよさは管理のしやすさ

　学校ホームページのよさは何といっても管理権限が学校にあるところです。教育委員会に管理権限があると，確認に時間がかかり，プラットフォームの構築が遅れます。むしろ，教育委員会が率先してプラットフォームをつくっていくことが求められますが，現状を考えると，様々な情報発信を学校側で自由に行える学校ホームページの活用がすぐできて効果的です。

(2) 何よりも操作が簡単

　学校ホームページのもう一つのよさは操作が簡単なところです。ブログのようにアップすることが可能であり，写真やPDF，さらには動画を配信できるものもあります。

また，学年別に分かれているところもあり，検索しやすいよさもあります。

❷　学習ガイダンスサイトとして利用しよう

プラットフォームでは，学習者に対して，

・いつ

・何を

・どのように学ぶのか

といった「学習ガイダンス」を行うことが大切です。たくさんの学習の情報を伝えることに終わるのではなく，どんな学びを展開してほしいかといった願いも同時に伝えることで学びが深まっていきます。

　これらは PDF にすれば，閲覧がよりしやすくなりますし，もっと言えば，ダウンロードして印刷することもできます。さらに，学年別・クラス別にし，日付などをつけておけば，一週間の学習課題をコンスタントに伝えることができ，過去の情報にもアクセスしやすくなります。

（長瀬　拓也）

学校ホームページをコンテンツサーバーとして活用する

　学校ホームページを活用したプラットフォームは，学習ガイダンスの発信ツールのみならず，学習内容を提供するコンテンツサーバーとしても活用できます。

① PDF化とダウンロード機能を効果的に

(1) ダウンロードすることができれば印刷もできる

　前項でも述べましたが，PDFにしてアップすることによって，ダウンロードができ，印刷することが可能になります。そのことによって，印刷して渡さなくても学習内容を提供することができます。

　もちろん，印刷機がない家庭もありますから，その場合の配慮も必要ですが，各家庭に対して，「教科書の問題を解きましょう」といった学習内容を指示するだけではなく，学習するプリントも提供することが可能になります。

　なお，その場合，著作権を考慮する必要があります。そのため，自作のものや，無料で著作権がフリーのものをアップするように配慮するとよいでしょう。

② ホームページと外部サイトを連動させる

(1) YouTube のチャンネル機能とマッチアップする

　学校ホームページには動画を配信するには容量が足りないものが多いので，動画を配信する場合，無料のものであれば，YouTube を活用するとよいでしょう。その場合は，チャンネルを作成しておけば，動画を系統的に配信することも可能になるでしょう。

(2) リンクを効果的に使う

　学校ホームページのリンク集を作成したり，URL を掲載したりすることで，動画やコンテンツにすぐつなげるようにすることができます。

　例えば，光村図書出版は，2020年4月に新型コロナウイルス感染予防のための休校に対応するため，教科書の朗読や関連する資料を配信しました。声優や俳優をはじめとする著名な方が朗読する教科書資料は非常に効果的でした。また，各教科書会社が QR コードを使った，動画による学習内容の資料提供を始めています。そうした資料に学習者が容易にたどり着き，さらに「どの資料をいつ，どのように使うとよいか」をガイダンスすることができれば，非常に効果的なプラットフォームになります。

（長瀬　拓也）

学校ホームページの活用上の課題

　学校ホームページを活用しプラットフォームとする場合の課題について紹介します。どのようなものを使っても課題は必ず存在します。大切なことは，その課題をいかに克服してよりよいものにするかだと言えます。

❶　誰もが見えてしまうという課題

(1)　誰が見てもよいものにしなくてはいけない

　学校ホームページに鍵をかけて保護者専用ページを作成することができれば問題ありませんが，それができない場合は，誰が見てもよいものにしなくてはいけません。

　そのため，個人情報や著作権に十分注意することが必要です。

(2)　誰もが見えることを活かして，みんなで子どもたちの学びを支えていく

　誰もが見えるということは，逆に言えば，子どもたちの学びを可視化することができるということです。一般の人や地域の人も，家庭での学びの内容を知ることができるわけですから，地域で子どもたちを育てる意識をもち，情報をアップする意識も高めたいです。

❷　大量のアクセスに耐えられるか

(1)　多くのアクセスにサーバーが耐えられるか

　Google のプラットフォームのような巨大サーバーと違い，学校ホームページのサーバーは大きくはないので，一度に多くのアクセスがあると耐えられないかもしれません。在籍児童数が多ければアクセスする回数は増えるので，そのリスクは高まっていきます。

(2)　アクセス時間を工夫する

　そうした課題を克服するためにアクセス時間を学年ごとに調整したり，アクセスしやすい時間を伝えたりするといいでしょう。例えば，学年ごとに情報をアップする時間をずらす方法もあります。

(3)　無料のプラットフォームと連動する

　学校ホームページで運営をしながら他の無料のプラットフォームも立ち上げ，連動してリスクを回避する方法もあります。

　本来であれば，プラットフォームの基盤形成は教育委員会が率先して取り組むべき問題です。教育委員会には管理制限をするのではなく，むしろ各学校が自由に運営できる方法を模索してほしいと願っています。

（長瀬　拓也）

無料プラットフォームの活用

　学校のホームページ以外にも，無料のサービスを活用することでプラットフォームをつくることができます。一般公開ではなく，学校関係者のみ利用できるプラットフォームをつくる場合は，無料のサービスも検討するとよいでしょう。

● 無料で使えるプラットフォーム

(1) 学習者の立場で選ぶ

　プラットフォームとして学校機関が利用しているものは，Google Classroom，まなびポケット，Classting，Edmodo，ClassDojo などがあります。

　ここに挙げたものは，どれも無償で利用できます（サービスの内容によっては有償のものもあります）。日々改善が行われ，使いやすくなっている点が校内ホームページにはない長所です。

(2) プラットフォームを選ぶ基準

　繰り返しになりますが，何を選ぶかは，まずどのような学習活動を行うのかを基準とするのがよいでしょう。

　その上で，もう少し細かく選択する基準を挙げてみましょう。

① ID の発行にメールアドレスが必要か

　サービスの中には，ID の発行のためにメールアドレスを登録する必要があるものもあります。その場合，まずは子ども用のメールアドレスを作成することから始めなければなりません。メールアドレスの用意はできるでしょうか。

②子どもたちにとって使いやすいか

　低学年も利用する場合，漢字や英語の表記が多いと慣れるまで教師や保護者の支援が必要です。カタカナ表記の多いものも子どもたちにとっては理解することが難しい場合があります。

③サポート体制やマニュアルのわかりやすさ

　運用面で困った時のサポート体制はどうでしょうか。電話，チャット，メールなどサービスによってサポート体制も様々です。また，マニュアルはわかりやすいでしょうか。運用していくことをイメージして，調べてみるとよいでしょう。

　運用を開始してから，他のサービスに変更することは子どもたちにとって大変負担が大きいことです。プラットフォームは慎重に選びましょう。

（秋山　貴俊）

メール配信サービスの活用

　プラットフォームを新たに構築せずとも，緊急時用のメール配信サービスを活用することで課題を配信することができます。ホームページを活用している学校でも，代替手段として覚えておくとよいでしょう。

● 普段から使っているから安心して使える

(1)　メール配信サービスの活用

　緊急時などにメールを一斉配信するサービスがあります。無料のものもありますが，広告が添付される，個人情報の取り扱いが不安などの理由から，有料のシステムを利用している学校も多いようです。

　プラットフォームを構築する許可が下りない，技術的に不安がある場合は，メール配信サービスを活用してみましょう。容量は制限されますが，画像や文書ファイルを添付できるサービスもあります。

(2)　保護者の気持ちになって送ろう

　メールとして送信される場合，受け取る側は自分のメールボックスにメールがたまっていきます。学校のからのメールもあれば，仕事のメール，プライベートのメールも1つのフォルダに保管されているかもしれません。

次のことに気をつけてメールを送るとよいでしょう。

①件名（タイトル）はわかりやすく

　件名が【○○小学校からのお知らせ】では，中身が課題なのか，連絡なのか，わかりません。タイトルで区別するとよいでしょう。

　また，兄弟姉妹で在籍している場合，何年生宛のメールなのかも件名でわかると，後で探す時に便利です。

②一覧表を別途配信する

　1日に複数のメールを配信したり，連日メールを配信したりすることがあります。その場合，週末などに，配信したメールや添付したファイルの一覧表を配信すると保護者も読み忘れがないか確認することができます。

③添付ファイルは PDF がおすすめ

　メールにデータを添付する場合，文書ファイルをそのまま添付する方もいらっしゃいます。機器によっては添付ファイルが開けないことがあります。PDF ファイルなどに変換して添付するほうがよいでしょう。

（秋山　貴俊）

新たにプラットフォームを
立ち上げる

　ホームページをプラットフォームとして利用すると，学校紹介など既存の情報と混在して，利用しにくいこともあります。新たに専用の Web サイトを作成する方法を紹介します。

● 無料 Web サイトのサービスを利用する

　私たちの学校では，ホームページの管理を学園本部が行っており，プラットフォームとして使うことが難しい状況でした。そこで，無料の Web サイト制作サービスを使って，オンライン学習専用の Web サイトをつくりました。

Google サイトを利用したプラットフォーム

(1)　まず設計図を描く

　学校のホームページと違い，ゼロから Web サイトをつくっていきます。お知らせ，学年ごとの課題，授業動画など，いろいろな情報を1つのサイトに載せていきます。まず，サイトの構造を決めましょう。構造は，後から変更することが難しいので最初に考えることが大切です。

　本校の場合は，以下のような構造をつくりました。

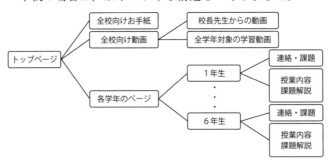

(2)　運用してからも改善しよう

　私たちの学校では，トップページに更新の連絡を載せたのですが，多くの方が自分の学年のページをブックマークしていて，トップページを見る習慣がありませんでした。そこで，更新情報は，トップページと学年のページ両方に載せることにしました。

　運用を始めると，いろいろ意見が寄せられます。改善できるところは，改善していきましょう。

（秋山　貴俊）

著作物の利用について
気をつけること

　プラットフォームに課題や動画を載せる場合は，著作権を侵害しないように十分に注意しましょう。学校のホームページをプラットフォームとして利用する場合は，学校外の方も閲覧することができますので，十分配慮しましょう。

● オンラインにおける著作物の利用について
(1)　学校における著作物の扱いについて

　オンラインに限らず，授業に必要な最低限の範囲であれば，無許諾・無償で著作物を複製・配布することができます。ただし，著作権者の利益を不当に害する場合は認められません。市販されているドリルやワークブックをそのままコピーして配布することなどは認められません。

(2)　オンラインで注意すること

　当然ですが，オンラインであっても著作権者の利益を損なう行為は認められません。平成30年著作権法改正により「授業目的公衆送信補償金制度」が創設されました。文化庁や授業目的公衆送信補償金等管理協会（SARTRAS）のWebサイトで利用する際の注意が詳しく書かれています。

　教育機関設置者（教育委員会，学校法人等）が「授業目的公衆送信補償金制度」に届けを出している場合は，権利

者の許諾なく著作物が含まれる教材をインターネット経由で送信できます。教育委員会や学校法人に確認してみるとよいでしょう。

　この制度に届けを出していない場合は，許可なく著作物をオンライン上で送信できません。たとえ，教科書であっても権利者の許諾が必要となります。

⑶　出版社などに連絡する場合

　出版社には多くの問い合わせがあります。出版社に著作物について問い合わせをする場合，事前に以下のことをまとめておきましょう。教科書の写真や図については，出版社が権利者ではないものもあります。しっかりと確認しましょう。

　例えば，

　①どんな目的で使うのか

　②どこにアップロードを行うのか

　③何ページのどこを使うのか

などです。

（秋山　貴俊）

個人情報の取り扱いで
気をつけること

　著作権に加えて，注意しなければならないのが個人情報の取り扱いです。これは学校だけでなく，各家庭にも理解してもらうことが大切です。

● オンラインでの個人情報の取り扱いの留意点

(1)　学校における個人情報

　個人の権利や利益の保護と個人情報の有用性とのバランスを図るための法律が「個人情報保護法」（個人情報の保護に関する法律）です。学校であっても，この法律を守り，個人情報の取り扱いについては十分配慮が必要です。

(2)　オンラインで注意すること

　Zoom や Teams を使った双方向型授業をする際，授業を録画し，後日プラットフォームにアップロードすることがあります。欠席した子や復習をしたい子からは非常に好評です。

　双方向型授業を録画する場合，子どもの顔や声が記録されます。これら，個人が識別できる情報は個人情報保護法の対象となります。適切な管理・運用が必要となります。

⑶　保護者の同意を得る

　子どもの顔や声など個人が特定できるものが含まれる動画や画像を記録する，プラットフォームからアクセスできるようにする場合は，事前に保護者に利用目的を説明した上で，同意を得ましょう。

　動画や画像を編集して，子どもたちの個人情報を出さない方法もあります。個人が特定できないものは，基本的に保護者に許可を得る必要はありません。しかし，事前に保護者に利用目的や個人情報が出ないことを伝えたほうがトラブルは避けられるでしょう。

⑷　記録したデータの取り扱いに注意

　子どもたちの個人情報が含まれたデータは，学校の規則に従って，管理する必要があります。授業を録画する場合，クラウド上に保存されることもあります。事前に学校のガイドラインを確認し，適切な管理をしましょう。クラウドに保存することを禁じている教育委員会，学校法人もあるようです。

　個人情報の取り扱いや個人情報保護法について，詳しく知りたい方は，個人情報保護委員会のホームページなどをご覧ください。

（秋山　貴俊）

管理者を増やし，
複数でトラブルの対応を

　プラットフォームづくりは情報担当の教員が務めることが多いのですが，その教員のみならず，皆で取り組んでいく雰囲気をつくり出していきましょう。

❶　全国の情報担当教員のみなさんに感謝を

　2020年3月から日本中の学校は，突然の休校，延長で様々な変更を迫られました。その中で，学校のオンライン化やシステム変更，教材の配信から動画づくりのサポートまで，オンラインに関わるあらゆる活動を一手に引き受けたのは情報担当教員のみなさんでした。まず，そのことに私たちは感謝しなければいけないと考えています。こうした方々のおかげで，オンライン学習は，机上の理論から具体的な実践の検討に移行しつつあります。

❷　情報担当の教員の負担を減らす

　オンライン学習は，「誰でもできる」というのが大切なのではないでしょうか。一部の教員だけのものではなく，どの教員も参加でき，効果的な学びを生み出せることが求められます。そのため，情報担当の方の負担を減らし，誰もが参加できる工夫が必要です。

❸　管理パスワードをみんなでもつ

　例えば学校ホームページの管理パスワードを皆でもち，皆で作成しアップしていくという方法も可能です。それによって，教員は在宅でも学校ホームページにアクセスし，仕事がしやすくなるという利点があります。しかし，ここで懸念されるのが，情報の漏洩です。

❹　管理パスワードを定期的に変えることも

　情報が漏れたり，改竄されたりするリスクは管理者が増えれば当然高まります。

　もちろん，教員の自覚や責任，モラルがまず必要ですが，心配であれば管理パスワードを定期的に変えることも効果的でしょう。

❺　誰でもできるから誰もがするというスタイルを

　特に公立学校の管理職の教員は，「誰でもできる」というスタイルをいかにつくり出すかがオンラインを普及させるポイントではないかと考えています。

　次章以降で述べるような実践を「できそう」「やってみよう」という職場環境をつくり出すために，情報担当と相談しながら，無理なく楽しく取り組めるような研修を設定していくことも大切と言えるでしょう。

（長瀬　拓也）

第3章 引用・参考資料

・西之園晴夫・宮寺晃夫編著『教育の方法と技術』ミネルヴァ書房
　（2004）
・一般社団法人授業目的公衆送信補償金等管理協会 SARTRAS ホー
　ムページ（https://sartras.or.jp/）
・個人情報の利活用と保護に関するハンドブック（個人情報保護委
　員会）参照
　（https://www.ppc.go.jp/files/pdf/personal_280229sympo_pamph.
　pdf）
・長瀬拓也「ゼロから学べるオンライン学習　はじめの一歩：「まず
　はやってみよう」の気持ちを大切に」『社会科教育　10月号』明治
　図書（2020）

第4章
非同期の配信を
考える

　オンライン学習の一つの方法として学習内容の配信が挙げられます。

　学習内容の配信は，テキストベース，音声，そして動画などで行うことができます。

　こうした配信は，教師と学習者がオンタイムで対面しているわけではない「非同期」の状態です。こうした非同期の配信はオンデマンドと呼ばれ，いつでも，どこでも学べる利点があります。

　しかし，一方で，対面ではないことから生まれる課題もあります。

　そうしたよさと課題を考えながら，動画のつくり方，ロイロノートといった授業支援型クラウド，動画以外の非同期の配信方法についても紹介していきます。

　その上で，非同期のオンライン学習の評価のあり方についても述べていきます。

非同期配信のメリット・
デメリット

　非同期配信といってもいろいろな形があります。動画・音声・プリントなどの配信はもちろんですが，双方向型授業支援システム（ロイロノートやschoolTakt）で課題を配信する場合もリアルタイムでやり取りしない場合は，非同期配信に含まれます。

❶　非同期配信のメリット

(1)　子どもたちのペースで進められる

　非同期配信のメリットは，授業時間に縛られないことです。子どもたちは好きな時間に始められ，自分が終わるまで続けることができます。15分で終わる子もいれば，1時間かかる子もいます。また，課題ごとに休憩を入れて集中力を保つ子もいれば，一気に複数教科の課題を終わらせる子もいます。子どもたちにとって取り組みやすいペースや方法で学習を進めることができます。

(2)　何度も見直すことができる

　特に，動画や音声の配信でのメリットですが，記録されている情報は何度でも見ることができます。例えば，動画による授業では，わからなくなったら戻してもう一度見ることができます。また，停止して教科書やノートを見直し

て理解してから進めることもできます。筆者も授業動画を公開したことがありますが，子どもから「3回見てよくわかりました」と言われたことがあります。

❷ 非同期配信のデメリット

　動画や音声の配信では，教師側が子どもたちの取り組みを把握することが難しいです。コンテンツの視聴回数などで把握することもありますが，気をつけなければならない点があります。それは，再生されたことと，見られたことはイコールではないということです。

　動画を再生した子の中には，途中で見ることをやめたり，再生しつつ他のことをしていたり，最後だけ見たりする子もいるでしょう。非同期配信だけでは，教室と違って，子どもたちの取り組みが見えません。

　子どもたちも，一方的な配信だけでは，疑問に思ったことや理解が難しいことについて，質問することができません。教師としては，わからなかったら動画を止めて自分で調べて理解を深めてほしいものです。しかし，普段からそういう学習を続けている子以外は，わからないまま見続けてしまうでしょう。

　このようなデメリットもありますが，双方向学習と組み合わせるなど，工夫することで効果的な学習をつくり出すことができます。

（秋山　貴俊）

109

動画コンテンツを活用しよう

　自作の動画をつくるには，手間も時間もかかります。見やすい動画をつくろうとすると，ビデオカメラが必要だったり，編集用のパソコンが必要だったりと機器も必要になります。まずは，既存の動画コンテンツを探してみましょう。

● Web 上には質の高い動画がたくさん

(1)　学年＋単元名で検索してみよう

　動画を探すことは難しいことではありません。Googleや Yahoo! などの検索エンジンに学年と単元名を入れてみましょう。

　例えば，3年生のあまりのあるわり算だったら，「3年□あまりのあるわり算□動画」（□はスペース）と入力して検索してみましょう。私が Google で動画を検索したところ約6,000件の動画が見つかりました（2020年7月現在）。

　この中から，よい動画を探し，子どもたちに紹介することができます。まずは検索してみましょう。

(2)　教科書会社のホームページを確認しよう

　教科書会社や資料集など学校向け教材をつくっている会社の中にも無料で動画を公開しているところがあります。

　例えば，教育出版には「まなびリンク」という学習に役立つ情報を集めた Web サイトがあり，学年・教科・単元別に動画資料が用意されています。

⑶　教育委員会のホームページから探そう

　新型コロナウイルス感染拡大防止による休校期間に動画コンテンツを公開した教育委員会があります。その中でも，茨城県，大阪府，世田谷区，さいたま市などは，ホームページから動画を視聴することができます。参考にするとよいでしょう。

⑷　YouTube から探そう

　動画といえば，すぐに YouTube を連想する方もいると思います。YouTube には，毎日たくさんの動画がアップされています。学習コンテンツも，いろいろな種類のものがアップされています。自分がイメージしていた動画が見つかるかもしれません。

　1 点，注意しなければならないのは，一見よさそうな動画でも著作権を侵害しているものや不適切な表現が含まれているものもあります。必ず最後まで見てから，判断しましょう。

（秋山　貴俊）

NHK for School を
活用しよう

　NHK for School とは日本放送協会（NHK）の学習コンテンツサイトです。Ｅテレの番組や貴重な画像資料，映像資料を無料で閲覧，視聴することができます（NHK for School（https://www.nhk.or.jp/school/））。

❶　よい番組がたくさん

　この Web サイトでは，たくさんのＥテレの番組を視聴することができます。国語，算数はもちろん，道徳や英語，総合の番組も公開されています。どの番組も企画に文部科学省教科調査官の先生や大学の教授，現場の先生が加わっているので，学校現場で使いやすい構成になっています。

　新しい番組は新学習指導要領を意識した番組構成になっています。教師が視聴するだけでもとても勉強になります。もちろん，番組の URL を子どもたちに伝えれば，自宅で視聴することができます。

❷　クリップを活用しよう

　番組のほかに，学習内容のエッセンスを数分にまとめた動画クリップも8,000本ほど公開されています。Ｅテレの番組のデメリットは，実験結果や学習のまとめまで伝えてしまうことです。クリップは，短い動画資料なので，考え

るヒントなどに活用できます。例えば，6年生社会科では，「人権の歴史」（1分10秒），「国民の義務」（58秒）など300本ほどのクリップが用意されています。

　ただし，1つ注意点があります。URLを子どもたちに伝えるのは問題ないのですが，ZoomなどWeb会議システムで配信する場合は，授業目的公衆送信補償金等管理協会（SARTRAS）に届け出が必要です。詳しくは，NHK for Schoolの「よくある質問」をご覧ください。

❸　役立つコンテンツがたくさん

⑴　フライデーモーニング・スクール

　Eテレの番組企画に関わった先生などが考えた番組を活用した特別授業を視聴できます。

⑵　指導案やワークシート

　各番組のページには，ワークシートや授業プランも掲載されています。番組と授業をどう組み合わせるかがわかります。

⑶　おはなしのくに

　国内外の名作を俳優が一人芝居で伝えてくれる番組です。「おはなしのくにの100冊」という特集には，「スーホの白い馬」や「ごんぎつね」などがあります。

（秋山　貴俊）

動画コンテンツをつくろう（準備編）

　第2章で述べた通り，慣れると台本なしの一発撮りでコンテンツをつくることができます。しかし，初心者が一発撮りをすると緊張し，失敗を繰り返すことがよくあります。教育実習中は，授業の前に細かな指導案をつくりました。それと同様に，動画コンテンツも慣れるまでは，しっかりと準備し，撮影に臨みましょう。

① 構成を考えよう

　授業をする時に指導案をつくるように，動画を撮影する際はまず構成を考えましょう。

> **構成例**
> ①オープニング
> ②課題提示
> ③解説，まとめ
> ④エンディング

　YouTube の動画コンテンツなどを参考にするとよいでしょう。いきなり解説を始めるよりも，この動画ではどんなことが学習できるのかを説明したほうが取り組みやすくなります。

② 台本を書こう

　構成が決まったら，次は台本を書きます。もちろん慣れてきたら台本は不要です。しかし，初心者は書いてみまし

ょう。台本があると，話が飛躍したり，言い忘れたりすることを防止できます。

オープニング	皆さん，こんにちは！　○○です。今日は，みんなで××のについて考えていきます。みんなは××って知っていますか？　どんなイメージがあるだろう？　教科書を開く前に考えてみよう。では，今日の授業をはじめます。

台本例

❸　道具や資料を用意しよう

　準備で大切なことは，撮影をイメージして道具や資料を用意することです。動画によっては，資料を黒板に貼ったり，パソコンでスライドをつくったり，実験器具をそろえたりとそれぞれに合った準備が必要です。

　黒板やホワイトボードに板書をする時は，事前に穴埋め形式にしておくと板書をする時間を短縮できます。

❹　撮影機材を用意しよう

　最後は，撮影機材を用意します。授業をそのまま撮影するのであれば，スマートフォンやタブレットでも撮影できます。パソコンに内蔵されているカメラでも撮影可能です。まずは手元にある機器で始めてみましょう。　　（秋山　貴俊）

動画コンテンツをつくろう（撮影編）

　準備が整ったら，いよいよ撮影です。カメラが回るとどんなに準備をしても緊張するものです。普段の授業と違い子どもたちのリアクションもありません。

① 慣れるまでは，リハーサルをしよう

　撮影の準備が整ったら，まずはリハーサルをしてみましょう。1人で撮影する場合，カメラを固定して撮影をします。どこまでの範囲が映るのか，上下左右確認することが大切です。せっかく板書をしても，撮影されていないという失敗もあります。固定する場合は三脚をおすすめしますが，手元にない場合は教室にある机やイス，カゴなどを使って代用しましょう。

　次に，音量をチェックしましょう。広い範囲を撮影する場合，カメラを遠くに置きます。その分マイクも離れます。あとで再生したら，声がほとんど録音されていないなんてこともあります。声の大きさも含めて確認しましょう。

　マイクを近づけるためにもカメラのズーム機能は使わないほうがいいでしょう。カメラを近づけることでズームしましょう。

❷　撮影しよう

　リハーサルが終われば，いよいよ撮影です。ここで重要なのは，最初から最後まで撮ろうと思わないことです。

　もちろん，1回で撮影できればよいのですが段取りのミスや言い間違いもあります。間違えてもいいという気持ちで撮影しましょう。

　失敗をしたらカメラを止めて，間違える直前から撮影を再開しましょう。動画のいいところは後から編集できることです。間違えた部分をカットすれば，間違えはなかったことになります。

　また，黒板を使う時，全体を映すと板書の文字が小さくなります。最初は，左半分だけ映して，右半分を使う時はカメラを移動させれば文字を大きく撮影することができます。動画の撮影では，編集できるメリットを生かして短時間で全てのパートを撮影しましょう。

　もう1つ，撮影時に注意したいのは，撮影場所の音です。エアコンの音や近くの教室の声など，余計な音が入らないようにしましょう。このような雑音は見る人にとってとても気になります。授業に集中できない原因にもなりますので，なるべく入らないように工夫しましょう。

　撮り方は様々なので，自分らしい方法でやってみましょう。

　　　　　　　　　　　　　　　　　　　　　（秋山　貴俊）

動画コンテンツをつくろう （編集・アップロード編）

　撮影が終われば，最後に編集・アップロードです。不要な部分をカットしたり，複数の動画をつなげたりして，１つの動画コンテンツをつくっていきます。最後に，YouTube やクラウドなどにアップロードをして完成です。

① 編集に終わりはない

　私たちの学校では，映像という子どもたちが動画編集をする授業があります。そこで私が最初に子どもたちに伝えることは「編集に終わりはない」という言葉です。納得する動画コンテンツをつくろうと思うと，テロップを入れたり，再生スピードを変えたり，効果音を入れたり，BGMを入れたり，特殊効果を入れたりといろいろな編集をしたくなります。しかし，それではいくら時間があっても完成しません。イメージの１割，２割の完成度であっても完成とすることが大切です。

　私が編集する際に気をつけていることは以下のことです。

(1) 編集する時間を決める

　授業の動画なら，どんなに長くても30分以内に終わらせるようにしています。

⑵　細かいことは気にしない

カットをつなげるとき，前後で違和感が出ることもありますが，授業内容に支障がなければ気にしません。

⑶　無駄はカットする

板書をしている時間や，「あー」「えー」など耳障りな部分は可能な限りカットします。動画は，必要最低限の長さにします。

❷　アップロードして公開しよう

子どもたちが視聴できるように公開します。YouTubeやGoogleドライブ，校内サーバーなどにアップロードしましょう。アップロードする際には，個人情報などが映り込んでいないか最後に確認しましょう。

YouTubeなどのコンテンツサイトにアップロードする場合は，著作権への配慮も必要です。第3章「著作物の利用について気をつけること」で著作権について触れましたが，コンテンツサイトへのアップロードの場合，サイトによって著作物の扱いが異なることがあります。限定的な公開であっても，著作権侵害にあたることもあります。利用規約などをよく確認してからアップロードしましょう。

（秋山　貴俊）

子どもが見たくなる
動画コンテンツ

　動画コンテンツをつくっても，子どもたちに見てもらえなければ意味がありません。見たくなる，最後まで見てしまう動画をつくりましょう。

❶　動画は短く

　対面授業で，教師が一方的に話す場合，子どもは何分間集中して聞けるでしょうか。学年にもよりますが，10分をこえると長いと思います。第2章でも述べましたが，1つの動画は，10分以内がよいでしょう。長い動画は，分割してアップすると子どもたちも見やすくなります。

❷　文字の大きさを考えよう

　子どもたちは何を使って視聴するでしょうか。パソコン，タブレット端末，スマートフォンなどいろいろな機器で視聴します。黒板の文字やプレゼンテーションソフトのスライドのフォントが小さすぎることはないでしょうか。スマートフォンでも読める文字の大きさを意識しましょう。

❸　見やすい色を使おう

　電子黒板を使っての授業動画をアップロードした時に，子どもから白は反射して見づらいと指摘を受けました。そ

れ以来，PowerPoint などのプレゼンテーションソフトを使う時は，背景を白ではなく，薄い緑などにしています。どれだけ効果があるかわかりませんが，子どもたちは白よりは見やすいようです。

　動画をつくる時は，使う色にも気をつけましょう。

④　画面の向こうに話しかける

　予備校の先生に教えてもらった授業動画のコツですが，その先生は，画面の向こう側の生徒を具体的にイメージして撮影しているそうです。世界史が苦手な男の子，部活は野球部，目指している大学は〇〇大学など，具体的なイメージをもつことで，話しかけているような動画になるそうです。学級の子，一人ひとりをイメージすると，親しみやすい動画になるでしょう。

⑤　視聴回数を意識して改善しよう

　YouTube などのコンテンツサイトでは，アップロードした動画の視聴回数や平均視聴時間を調べることができます。再生回数が少なければ，視聴されていないことは当然ですが，再生回数が多くても平均視聴時間が1分や2分であれば，内容はほとんど見られていないことになります。動画コンテンツが増えていくと，視聴回数が多いものの傾向が見えてきます。見たくなる動画になるように改善していきましょう。

（秋山　貴俊）

動画教材と授業を
どうつなぐのか

　非同期配信を学習に活用するポイントは，子どもたちが視聴する必然性をつくることです。ここでは，私が行った実践を例に説明します。非同期・同期を組み合わせて１つの学習としました。

❶　視聴を目的としない

　ある小学校の休校中の課題に「NHK for School『○○』を見て，わかったことをまとめましょう」というものがありました。子どもたちは言われるがままに動画を見て，思い思いに感想を書いています。

　私はこれでは子どもたちは主体的に視聴しないと思います。なぜなら，見ることが目的となっているからです。子どもたちが，動画から学び取りたいと思うような課題提示や問題提起をしなければ，どんなに素晴らしい動画をつくったとしても子どもたちに届かないでしょう。

　動画を活用する場合は，一連の学習の中でどのような価値があるのか考えることが大切です。

❷　動画視聴の必然性をつくる

　次頁の図は，私の実践を図にしたものです。子どもたちは，まず双方向型授業支援システム「schoolTakt」に配信

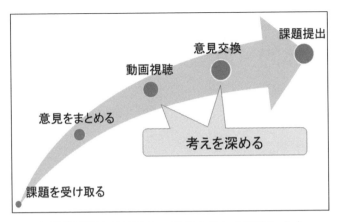

された学習課題を受け取り，意見をまとめ提出します。

　その上で，動画コンテンツを視聴し，新たな情報やほかの視点を学び，考えを深めます。加えて，Web 会議システム「Zoom」でクラスメイトと意見を交換し，さらに考えを深めていきます。最終的に考えをまとめたものをschoolTakt に提出し，1 つの学習が終わります。

　子どもたちは，自分の考えを深めるため，新たな視点を得るために動画を視聴します。子どもたちの動画を見る目的は明確です。また，動画を見ないで意見交換に参加すると，考えの浅さを指摘されるので，視聴しているという子もいました。これも動画を視聴する必然性の1 つだと考えています。

（秋山　貴俊）

123

双方向型授業支援システムで主体的・協働的に学ぶ

　「思考力」「プレゼン力」の育成を手助けするために，オンライン上で学べる双方向型授業支援システムがあります。双方向型授業支援システムとは，課題に対して子どもがリアルタイムにリアクションできるシステムで，様々なものがあります。今回は，その一つである「ロイロノート」を使って，主体的・対話的で深い学びの実現を目指します。

① 資料箱活用でプラットフォーム的な役割

　ロイロノートの中で，教師は自分のクラスごとに授業の部屋をつくることができます。子どもたちは，その部屋に入り，自分だけのノートを作成して学習をします。また，その部屋にある，資料箱の各学級専用のフォルダに，学習課題や資料を常に提示しておくことで，ロイロノートがオンライン授業のプラットフォーム的な役割を果たします。

　休校中，右図のように，課題説明用カードと解くための資料を，毎日準備しました。子どもたちは，それを引き出し自力で解決し，決められた時間までに，学習した内容を提出しました。子どもたちが自分のペースで主体的に学ぶ姿が見られました。

学級専用フォルダで課題・資料の提示

② 自由に動く多様なカードで思考・表現

　ロイロノートは，カードと呼ばれるテキスト，Web，地図，写真，シンキングツールを表示する機能があります。子どもたちは，様々なカードから必要なものを引き出して課題解決に利用します。構造的な図にしたり，カード同士をつなげてプレゼンスライドのようにしたりするなど，工夫して取り組みました。さらに，カードに録音をして，朗読絵本の作成なども行うことができました。

③ 生徒間通信や回答共有で協働的な学び

　ロイロノートでは，生徒間通信という機能を使って，カードに用件を書き込んで特定の相手に送り合い，文章で対話をすることができました。また，提出箱の回答を課題に応じて共有し，他者の意見と自分の考えを比較して深く考えることができました。ロイロノートは，非同期での学びですが，工夫次第で協働的に学べるよさがあります。

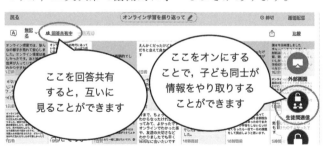

ロイロノートの回答共有と生徒間通信

（西尾　環）

双方向型授業支援システムと Web 会議システムの併用

双方向型授業支援システムと Web 会議システムを併用して活用することで，協働学習やミーティング型の学習活動を充実させることができます。

① 課題追究型の学習の設定

オンライン学習では，どうしても教師の一方的な講義や解説といった動画を視聴するだけの活動が多くなります。そして，課題についても，教師側の設定した問題を単に解くだけという受身的な学習に陥りがちです。

そこで，大きなテーマのもとで，自ら課題を設定して追究するという総合的な学習を設定しました。例えば，「新型コロナウイルスについて調べ，感染防止アプリのアイディアをロイロノートでまとめよう」というものです。そして「この課題を Zoom で互いに発表し合う」というゴールを設定しました。

② 対面型授業での経験を生かす

これはオンライン授業としては，かなりハードルの高い学習でした。しかし，それまでの対面型授業での学習経験があったことで実践することができました。6 年生では，プログラミング学習の一環として，休校前にグループごと

で「防災アプリケーションの提案」という学習を行っていました。そこでは，ロイロノートのシンキングツール（ピラミッドチャート）を使って，アプリの構想を立て，プレゼンテーションアプリで人に伝えるという学習を行い，発表会を終えたばかりでした。

　休校になり，その手法を個人に委ねて学びを進めました。わずか数日間ながら，子どもたちは自分なりに調べ，まとめていました。調べたことや提案内容をロイロノートのカードでまとめるか，プレゼンソフトで作成したものをロイロノートに保存するという方法で選択させました。

❸　Zoom でのグループ発表で協働的に学ぶ

　Zoom 発表会は，全員一斉ではなく，いくつかのグループに分けて行う工夫をしました。集合時間を6回ほど設定して，事前に子どもたちに選んでもらいました。その後，Zoom の使い方の動画，画面共有の仕方などをロイロノートで送り，事前準備もスムーズにできるようにしました。

　発表会では，当初，教師も子どもも戸惑いが多かったのですが，回を重ねるにつれ互いに慣れてきました。プレゼンは一人ひとりよく考えた内容でした。Zoom を通して，単に褒めるだけでなく適切なアドバイスをし合いました。さらにブラッシュアップした最後のプレゼンは，各家庭で保護者へ発表という形を取ることができました（西尾，2020）。

（西尾　環）

授業以外の双方向型授業支援システムの活用法

　双方向型授業支援システムの一つであるロイロノートは，学習支援にとても有効なツールですが，学級づくりにも効果的な活用法があります。

① ロイロノートでバースデーカードを共有

(1) 「乾杯とお祝いカード」の代わりに

　昨年度，2月まで学級で行われていた「誕生日の人への乾杯とお祝いに送る手づくりカード」という係の活動が休校の3月にはできなくなりました。そこで，係の子どもと相談し，3月生まれの2人に，学級全員からロイロノートを使ってバースデーカードを送ることにしました。イラスト，文字，スタンプと様々な工夫があるバースデーカードが送られ，2人は大喜びでした。

(2) 日常の取り組みとしても継続

　2020年度は4月から休校でしたので，担任から誕生日を迎える人へ全員でバースデーカード（西尾，2020）を送ろうと呼びかけました。そこには，「おめでとう」に加えて「初めて同じクラスになったから仲良くしましょう」と新しいクラスならではの温かい言葉も添えられました。これは学校が再開した6月以降も続けています。

② 折句自己紹介をロイロノートで

(1) 初めてのオンライン授業の日の自己紹介

　本年度は年度はじめから休校でした。始業式や臨時登校日はあったのですが，学級のことは，クラス分けと担任紹介ぐらいしかできませんでした。オンライン授業の準備や，機器やアプリの扱い方に多くの時間を取られ，互いに十分な自己紹介をしないまま，長い休校になったのです。そこで，自分の名前を使って自分を紹介する「折句自己紹介」をロイロノートで行うことにしました。まずは教師が，自分の名前で例を示しました。

(2) 友だちのことをよく知るきっかけに

　提出箱に出されたそれぞれの折句自己紹介は楽しいものばかりでした。最初から回答を共有したことで，自分が提出した後も，何度も提出箱を開いて友だちのカードを覗いていました。クラスが始まって間もない時期で不安も多かったようですが，お互いのことをよく知るきっかけになりました。

バースデーカード

折句自己紹介カード

（西尾　環）

双方向型授業支援システム活用の留意点

　双方向型授業支援システムは，その多くがクラウドを活用しています。クラウド（雲）とは，その言葉のように様々な学習内容が共有され，自由に取り出せるものです。これは，双方向型授業の実現を容易にするとともに，個人の学習力を身につけていくものでもあります。このシステムを活用する際の留意点を2つ述べます。

❶ 個人アカウントと情報モラル

　クラウドを活用した双方向型授業支援システムでは，個人アカウントでサーバーに入り，学習を進めます。バーチャルのクラスや教科の教室に自分の教科書やノートをもって入り，学習するイメージです。

　ここで大切になるのが，アカウントの管理です。子どもたちに，自分のアカウントを把握しパスワードなどの管理をする大切さを教えておきましょう。併せて，他者のアカウントを勝手に使用しないなどの情報モラルについても，最初に指導しておくことです。

ロイロノートのログイン場面

2　授業支援システムの学習の基礎・基本

　個人アカウントで入室したシステムの中には，個人の学習場所（机）や，学習の蓄積物（ポートフォリオファイル）もあると考えましょう。そうすると，最初に使い方を十分知り，整理できる力もつけておかなくてなりません。

　ロイロノートでは，教師が与えた資料や自分がつくったカードなどが散乱した個人のノートを見かけることがあります。これでは，何がどこにあるかわからなくなり，学習に支障が出ます。ロイロノートで学ぶ際，以下の点は，最低限の基礎・基本として全員が身につけるようにします。

　・カードは，つなげたりたたんだりして整理する。

　・つなげたカードは「整列」で，きれいに並べる。

　・カードの長押しで大きさを揃える。

　・「ピン留め」で大切なカードが動かないようにする。

　・不要になったカードはすぐゴミ箱に捨てる。

　それぞれの双方向型授業支援システムに，使い方の基礎・基本があるはずです。学びはじめの時，それらをしっかりと指導しましょう。

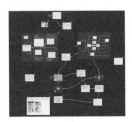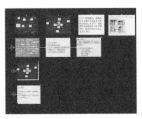

散乱したノートと整理されたノート

（西尾　環）

オンライン学習における
プリントのつくり方

　紙媒体である学習プリントを併用することは，オンライン学習のよさを消してしまうようにも思われます。しかし，動画やプレゼンテーションといった次々と流れる情報に向き合う時に，学習プリントが手元にあることは学習者の立ち位置を明確にしてくれます。また，漢字を何度も書いて覚えたり，メモや下書きで試行したりといった，オンラインでは代替できない学習の身体性が生まれるよさもあります。そこで，ここではオンライン学習のデザインに応じたプリントの活用方法を2種類紹介します。

① プリントを学習の補助として用いる場合

　1つ目は，同期・非同期にかかわらず，オンラインで配信される教材を「主」に，プリントを「従」に考える場合です。学習者はまず映像で示される課題や解決方法を把握し，その後自らの答えをプリントにまとめていくことになります。この形式は発問や記入の方

オンライン学習の補助として配布したプリント

法の多くが映像で配信されるため，プリント単体では機能しない場合がほとんどです。その分，構成が簡素になり，学習者による表現の自由度が増すことが特徴です。それだけに，穴埋め式のワークシートにしてしまうと，途端につまらない活動になりますので注意しましょう。

❷　プリントを学習の中心として用いる場合

　2つ目は，プリントを「主」教材として扱い，動画やプレゼン資料といったオンライン教材を「従」とする場合です。学習は

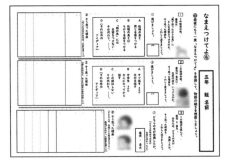

大阪府吹田市　星野克行先生の実践

基本的にプリント上で完結しますが，学習者の興味・関心や知識・技能の習熟の度合いによって，必要な情報のみを見ていくことになります。この形式は学習の課題や方法が全てプリント上で示されるため，オンラインで配信される情報をどう使うかは学習者に委ねられます。それだけに，学習時間を確保しようと作業量を多くしてしまうと，途端に面倒な活動になる可能性があります。

　このように，授業者が考えるオンライン学習のデザインによって，プリントのつくり方は大きく変わります。

（宍戸　寛昌）

133

プリントをどのように
配付するか

　ガリ版刷りから輪転機，感熱紙を使ったワープロ，パソコンにプリンターと，教師の業務はプリント作成技術の進化と共にあったと言っても過言ではありません。そして，情報の電子化によるペーパーレス時代を迎えつつある現在，プリントの配付方法にも様々な選択肢が生まれています。

❶　プリントの様々な配付方法

　コロナ禍による休校の際，実際に行われたプリントの配付方法と，それぞれの特徴を整理してみます。

	配付方法	⊕メリット　⊖デメリット
ア	教師による各家庭への配付	⊕地域の把握，指導に役立つ ⊖移動による感染リスクが高い
イ	業者を活用した郵送・宅配	⊕教師や子どもの感染リスクが低い ⊖金銭的コストがかかる 　発送から到着まで時間がかかる
ウ	保護者・子どもによる来校	⊕定期的な情報の交流が可能 ⊖子ども・保護者の感染リスクが高い
エ	デジタル配信＋家庭で印刷	⊕感染リスクが低く，発信してから届くまでの時間差が少ない ⊖家庭の情報機器環境に依存する

　緊急かつ感染リスクもある中，各学校ができる最善の方法でプリントの配付がなされたことがわかります。プリントの配付方法はそれぞれの学校のオンライン化の度合いとも密接につながっているため，デジタル配信ができない学校では，以前に配付したプリントを用いた家庭学習をせざるを得ない状況にありました。これらの前例をもとに，あってほしくない次の機会に備えてリスクとコストを可能な限り下げた配付方法を模索していく必要があります。

２　最上の方法はプリントを配付しないこと

　プリントの配付方法について，最もリスクとコストが低いのは，プリントという紙媒体を使用せずに情報を伝達する方法です。

　まず，教師がコンピュータ上で作成した教材をデータとして子どもに配信します。子どもは受信したデータをコンピュータ上で加工し，教師に返すことで提出となります。そこには紙媒体へ出力する過程は一切ありません。また，教師と複数の子どもが同時に教材データにアクセスし，自由に加工をする学習活動も考えられます。こうなるとプリントを使った学習とは別の発想が必要になります。

　ただし，プリントを介さずにオンライン上で教材や学習成果をやりとりするには，様々なインフラの整備が必要となります。今後の整備状況を見据えながら，現在の学校でできるよりよい情報化を考え続けていきましょう。

（宍戸　寛昌）

非同期型での学習評価を
考える

　オンライン学習は，「評価」という言葉のイメージを覆すことができる機会にもなり得ます。評価は子どもにとっては教師から押しつけられるもの，教師にとっては子どもを判別せざるを得ないものというマイナスなイメージが大きくあります。しかし，非同期型では，みんなで同じことを同じペースで進めていくことが不可能になり，教師が従来行ってきた対面での授業の見取りや指導はできません。つまり，教師の直接的な指導ではなく，授業設計の工夫が必要となります。

　オンラインでの学習評価で，評価本来の目的である子ども一人ひとりが自らの学習の進捗状況や学力を「見える化」することで，自らの課題を見出し，自ら学びを進める力を鍛えること，そして，それを支える教師の授業を設計する力を鍛える機会としていきたいものです。

❶　逆向き設計による評価づくり

　学習において求められている結果（目標の明確化）をもとに，その結果を説明するための証拠（評価方法）を示し，学習を進めていきます。通常，指導を終えた後で考えられがちな評価方法を指導前に子どもたちにも公開しておくことがポイントです。

(1)　**目標を明確にする**

　日々の授業を設計していく時，どうしても教える内容が先行して，何のために学んでいるのかを見落としがちです。このような授業設計での非同期型の学習では，子どもたちはただこなしているだけになってしまいます。そこで，単元末・学年末といった最終的な結果から遡って1時間ごとの目標を設定していき，子どもたちが見通しをもって学んでいくように促します。

(2)　**評価方法の選定**

　この時間の学習が，基礎を習得する学習なのか，学んだことを活かして活用する学習なのか，自分で課題を設定して進めていく学習なのか，それらに対する評価方法（客観テスト，レポート作成，発表など）を子どもたち自らが認識するように提示します。

❷　評価の実際

　学習を始める前に，本時の学習の目標と評価方法を子ども自らが確認することを習慣化します。これには，教師が作成する単元計画を活用するといいでしょう。子ども自らが今日の学習は単元の中でどの部分のことをしていて，どんなことができていればよいのかを明確にすることができます。

（山中　昭岳）

・樋口万太郎・堀田龍也編著『やってみよう！小学校はじめてのオンライン授業』学陽書房（2020）
・カーマイン・ガロ著／井口耕二訳／外村仁解説『スティーブ・ジョブズ驚異のプレゼン』日経BP（2010）
・前田康裕『まんがで知る教師の学び3』さくら社（2018）
・黒上晴夫・堀田龍也監修，木村明憲著『情報学習支援ツール 実践カード＆ハンドブック』さくら社（2016）
・D-project編集委員会『つなぐ・かかわる授業づくり タブレット端末を活かす実践52事例』学研（2014）
・堀裕嗣編，「THE 教師力」編集委員会著『THE 学級開きネタ集』明治図書（2016）
・NHK for School（https://www.nhk.or.jp/school/）
・西岡加名恵・石井英真編著『教科の「深い学び」を実現するパフォーマンス評価』日本標準（2019）
・西岡加名恵・石井英真編著『Q&Aでよくわかる！「見方・考え方」を育てるパフォーマンス評価』明治図書（2018）

第5章

双方向システム
の工夫

　2020年の新型コロナウイルスの感染拡大防止への対応で，学校教育のみならず，大きな注目を浴びたのが Zoom をはじめとした Web 会議システムを使った双方向でのコミュニケーションでした。

　こうした双方向のシステムを用いたオンライン学習では非同期の学習内容配信ではできなかったことも可能になりました。

　しかし，実際に会って学び合う対面授業と全く同じにはできない所もあり，課題も多く残っています。

　そこで，Zoom をはじめとした双方向システムを用いた授業のあり方や教科外活動における双方向の活用，非同期のオンライン学習との連動のあり方について具体的な方法を紹介していきます。

　その上で，双方向のオンライン学習の評価のあり方についても述べています。

双方向学習とは

　双方向学習とは，子ども同士，または子どもと教師の間で，コミュニケーションをとりながら進めていく学習のことです。ここでは，非同期型と同期型に分けて，オンライン環境下での双方向学習について考えていきます。

① 非同期型の双方向学習

　双方向学習にはプリントでのやり取りも含まれますが，ここではICT機器を使った双方向学習を考えます。

　ICT機器を使うと，様々な双方向型授業支援システムを活用できます。例えば，Google Classroomやロイロノート，schoolTaktなどです。ICT機器を使った双方向学習とは，そうした双方向型授業支援システムを使って，課題を配信し，それをもとに子どもたちが活動し，成果を提出する取り組みです。

　非同期型の場合，オンタイムでなく，ホームページやメール，プラットフォームを使って，子どもたちと課題を共有し，その過程で，コメントやメッセージ機能を使って，教師または子ども同士でフィードバックしながら活動を進めます。

❷　同期型の双方向学習

　ZoomやTeams，MeetなどのWeb会議システムを使って，オンタイムで進行する双方向学習です。ここで気をつけたいのは，「オンタイム＝双方向学習ではない」ということです。方法次第では，オンタイムでやっていても，一方向の学習にもなり得ます。

❸　同期型と非同期型の双方向学習の比較

　同期型と非同期型の双方向学習を比較すると次のようになります。

	同期型	非同期型
利点	・友だちや教師と直接的な交流ができる ・オンタイムでのフィードバック／質問ができる	・自分のペースで学ぶことができる ・学習者の環境に左右されにくい
課題	・学習者の環境に左右されることがある ・参加できなかった子へのフォローが必要	・友だちや教師と直接的な交流が難しい ・短期間でのフィードバックを受けにくい
主なシステム	・Web会議システム（Zoom，Teams，Meetなど）	・双方向型授業支援システム（ロイロノートなど）

　こうしたWeb会議システムと双方向型授業支援システムを併用することで，より有効な双方向学習を実現することができます。

（吉釜　佳能）

143

双方向学習のメリットを活かす

　双方向学習のメリットは，フィードバックを受けながら学習を進められる点です。動画やプリントを一方的に配信しても，学習に苦手意識をもっている子ほど，取り組むのが難しくなります。

　オンラインで子どもをつなげ，学習の様子を見取りながら進めることで，スモールステップでの学習が可能になります。子どもにとって，適切なフィードバックを受けながら学習を進めることが，質の高い学び，そしてモチベーションを高く保ちながら学習を進めることにつながります。

❶　教師のフィードバック

　オンライン学習では，教師の役割がとても大切です。子どもたち全体はもちろん，一人ひとりの様子を見取り，適切なフィードバックを与えられるのは，教師しかいません。

(1)　全体フィードバック

　子どもの様子や提出されたものに対して，子どもたち全体へフィードバックする場合があります。課題解決のためのヒントを与える，ポイントを解説する，特定の子どもの作品を取り上げ，よい点を伝えるなどです。短い言葉で的確にフィードバックするように心がけています。

(2)　個別フィードバック

　オンライン環境下では，個別フォローが難しく，気がつくと学習のねらいから逸れている子やモチベーションが低下している子も出てきます。そんな時は，チャットで個別に声をかけたり，提出された課題にコメントしたりしています。電話で直接話すのも有効です。教師の大きな負担にならないように，ポイントを絞って行うことが大切です。

❷　子ども同士のフィードバック

　他者の意見や考えを取り入れながら学ぶことは，オンラインで意識したいポイントです。オンラインでも，子ども同士がフィードバックし合える環境をつくりましょう。

(1)　コメント・メッセージ機能を使う

　提出されたものを公開し，それを見合い，意見を出す時間をつくったり，コメント機能がついていれば，コメントし合ったりするのもよいでしょう。

(2)　グループセッションを使う

　同期型であれば，Web 会議システムのグループセッション機能を使い，少人数グループに分けて，全員が発表し，それに対しての意見を伝える場をつくることも有効な手立てです。

（吉金　佳能）

双方向学習の留意点
（家庭の準備）

　Web 会議システムを使った同期型の双方向学習の留意点を，授業を受ける側の子どもと家庭の視点で考えてみましょう。オンライン学習を行う場合には，以下のような点を注意点として，ガイドラインに載せておくとよいでしょう。

① 身だしなみと発言のマナー

　オンライン学習は，自宅から参加しますが，公共の場という意識をもたせることが必要です。身だしなみや発言のマナーに気をつけるように伝えています。発言しない時は，自身のマイクをミュートにするなど，オンライン学習特有のマナーも身につけるようにします。

② 授業を受ける場所

　どのような場所でオンライン学習に参加するのがよいのでしょうか。結論としては，どこで受けてもよいと考えます。私の学校でも，リビングや自分の部屋など，各自が思い思いの場所で授業に参加しています。ただし，「背景と周囲の声に気をつけてください」と伝えています。

(1) 背景に気をつける

　特に気をつけたいのは，個人情報の映り込みです。背景に不適切なものが映り込まないようにするため，筆者の学校では，バーチャル背景という背景を合成する機能を使うことを許可しています。

(2) 周囲の声に気をつける

　保護者としては，リビングなど，子どもの姿と授業の様子を確認できる場所で受けてほしいという思いがあります。

　しかし，そのことによって，子どもと保護者のやり取りの様子や，保護者が後ろで話している声が授業に流れてくることが，オンライン学習ではよくあります。

　状況に応じてミュートしておくことや，小さい子やペットがいてどうしても声が入ってしまう環境の場合は，イヤホンやヘッドホンをつけることもマナーとなります。

❸ 休み時間はしっかりと休む

　オンライン学習では，どうしても画面を見続ける時間が長くなります。授業の合間は，画面から離れて，しっかりと目を休めることが大切です。また，授業中でも疲れを感じたら，無理をしないでカメラを切って，簡単な体操をするなどしてリフレッシュするように伝えています。

　その上で，姿勢についても注意が必要です。筆者の学校では，画面との距離を30cm以上離し，姿勢よく授業を受けることをガイドラインに記しています。

（吉金　佳能）

双方向学習の留意点
（フォロー体制）

オンライン学習は，保護者のサポートなしには成り立ちません。見えないところで，多大なサポートをいただいています。ここでは，同期型の双方向学習においての子どもと家庭へのフォローについて考えていきます。

① 課題の共有を円滑に進める

オンライン学習で大切なのは「授業内容及び課題の共有」（吉金，2020）です。授業でどのような学習をして，どんな課題が出されたのか，子どもだけでなく保護者にも伝える必要があります。第3章に記されているプラットフォームでの情報発信を活用して，確実に伝わるようにします。

コメント機能を活用すると，より円滑に情報の共有ができます。

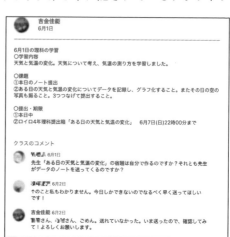

掲示板を使って学習内容を共有する

148

❷　課題の量は適切かをよく考える

　オンライン学習では，対面型授業のように，教師が子ども
もの学習状況を丁寧に把握しながら進めることが困難です。
そのため，学習進度にもいつも以上の差がつきます。オン
ライン学習の裏には，「困っている子がいる」という意識
を忘れないでください。そうした子を意識して，適切な量
の課題を設定することが大切です。

❸　個別フォローを工夫する

　オンライン学習では，子どもへの個別のフォローだけで
なく，家庭への個別フォローも大切になります。

　学習に遅れがちな子はもちろん，通常と違う生活に不安
を抱いている子，オンライン環境が合わない子へのフォロ
ーを忘れないようにしています。そうした場合には，電話
でのフォローが有効です。保護者に状況を聞き，一緒に解
決策を考えていくようにしています。

　また，学習で理解ができなかった部分などについては，
登校時にフォローすることなどを伝えて安心させます。学
びだけでなく，安心を届けることもオンラインでは重要な
要素となります。

　オンライン環境だからこそ，集団の中の一人に対応する
のではなく，子どもたち一人ひとりを大切にするという意
識が必要になります。

（吉金　佳能）

双方向授業の留意点
（授業づくり）

　オフラインでもオンラインでも，授業を通してどんな資質・能力を身につけさせたいかを明確にし，子どもたちの学びをデザインしていくことに変わりはありません。

　その上で，オンライン学習では，以下の３点を意識して授業をつくることで，より質の高い学びになると考えます。

①　子どもの活動を保障する

　子どもが主体的に学ぶために，自分事として捉えることのできる問いをつくることが大切です。さらに双方向学習につなげるためには，簡単に解決できる問いだけではなく，トライ＆エラーしながら解決に向かうような問いが求められます。そうした問いをつくることが，子どもの活動，つまり，思考したり，何かをつくったり，実験をするなどの活動につながります。学びに向かう力を高めるためにも，そうした活動を保障することが必要です。

②　子どもの活動が交差する

　オンラインでは，どうしても提出された課題に目が向きがちですが，重視すべきはその学習過程にあります。

　学習過程で，双方向，つまり他者からのフィードバックを受けながら学習できるしくみがあることが大切です。

　オンラインの場合，課題提出機能やコメント・メッセージ機能，グループセッション機能などを使って，コミュニケーションをとりながら学習するしくみをつくりましょう。

❸　学びをアウトプットする

　オンライン学習でも，学習を整理したり，他者に説明したりする活動を意図的に取り入れることが必要です。そうしたアウトプットの時間をオンライン学習にデザインすることで，より深い学びにつながります。

(1)　学びを整理する

　学習をノートやプリントに整理する他に，デジタル上で行うこともできます。デジタルの場合，写真や動画を使ったり，共同編集することができたりと，表現の幅が広がります。

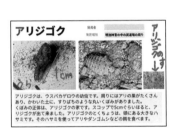

子どもがまとめた昆虫図鑑

(2)　学びを発信する

　オンラインでも，グループになって意見を伝え合ったり，オンライン上で発表会をしたりと，様々な活動ができます。デジタルで学習を整理していると，簡単に修正できるので，試行錯誤しやすく，また整理したものをすぐに発信できるというメリットがあります。

（吉金　佳能）

Web 会議システムでの
画面共有の注意点

　Web 会議システムを使った，同期型のオンライン学習では，画面共有という機能が多用されます。写真や動画，Web サイトなどを提示する時，また板書の代わりとして使用されることもあります。ここでは，Web 会議システムでの画面共有の時に気をつけることを考えます。

① 無理に画面共有をしない

　画面共有は，絶対に使わなければいけない機能ではありません。塾の配信動画のように，黒板にカメラを向け，黒板とチョークを使って授業してもよいのです。そうした授業は，子ども目線でも，慣れ親しんだスタイルで，オンライン学習の入り口としては最適だと感じています。

　写真や動画を見せたい場合も，手持ちのタブレット端末等をカメラに近づけて見せることができます。やってみると，意外とスムーズなことに気がつきます。

授業をオンタイムで配信する様子

②　画面共有のメリット

　画面共有のメリットとはなんでしょうか。

　まず，写真や動画が見やすくなることです。音もクリアに聞こえます。次に，画面共有は，子どもの画面を強制的に切り替えさせる効果があるので，見せたいものを全員へ届けることができます。課題の共有など，ここぞという場面では，画面共有は大変有効な手立てです。

③　画面共有の注意点

　画面共有のメリットとして，強制的に子どもの画面を切り替えさせると書きましたが，この機能は時には，デメリットにもなります。長々と画面共有をしていると，一方向的な学びに閉じてしまう危険性もあります。

　また，画面共有機能を板書に使うこともあると思いますが，子どもたち全員が書き終わるまでずっと画面共有をしておくと学習のペースに遅れがでます。ある程度で切って，書き終わっていない子には，授業後に板書を配信するなどのフォローを考えていきましょう。

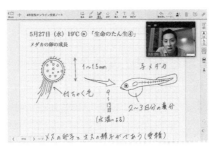

板書を画面共有する様子　　　　　　　　　　（吉金　佳能）

授業以外の双方向の活用

　学校での子どもたちの活動は授業だけではありません。朝の会や帰りの会，係活動，クラブ・委員会活動，学校行事，そして休み時間などがあります。これらは，教育の目的である「人格の形成」を達成するためにも重要です。どれも子どもたちの双方向の関わり合いが必要で，対面だからできることです。では，オンラインでは不可能なのでしょうか。

❶　オンラインの特性を活かす

　オンラインの特性は，時間・空間を超えること，つまり「いつでも」「どこでも」「だれとでも」つながることができることです。従来の対面からイメージすると同期型で「どこでも」できることに着目されがちですが，非同期型で「いつでも」「だれとでも」を活かしていくことで新しい形の双方向の活用をみつけることができるでしょう。

(1)　同期型：「どこでも」を活かす

　従来の対面での活動を「どこでも」できるオンラインに置き換えたものとなります。参加する場所が変わっただけですが，どんなことができるのか，まずはここから挑戦していろいろと試してみるのがよいでしょう。

⑵　非同期型：「いつでも」「だれとでも」を活かす

　今までの対面での活動ではできなかったことが実現します。時間の制限がなく，今までだったら出会うことのなかった人たちとの交流も可能となります。

❷　オンラインによる新たな可能性

　まずは，従来の対面での活動をオンラインに置き換えていろいろと試していくといいでしょう。例えば，朝の会や帰りの会などはそのまま Web 会議システムで代替することが可能です。また，休み時間も Web 会議システムを子どもたちが自由に話すことができるように開放すると，外遊びのような動きのある遊びはできないにしても，従来のおしゃべりはできるようになります。

　このように従来の対面での活動を試しながら，オンラインだからこそできる新しい取り組みを探っていきます。例えば，児童会・委員会活動において，双方向型授業支援システム等を活用すると常時つながっていることができるため，企画，相談等を時間にとらわれず自分たちのペースで進めることができます。また，クラブ活動では e スポーツクラブの可能性もあるでしょう。

　オンラインでの活動は，子ども主体が多くなります。ですので，同時に子どもたちのスキルとモラルの育成が必要となってきます。

（山中　昭岳）

まずはホームルームを
やってみよう

　オンラインでの活動において，何が正解で，何が間違い
かということはこの過渡期にはわかりません。そんな時は，
とにかくやってみることです。システムやソフトウェアの
開発手法にアジャイル開発というものがあります。アジャ
イルとはすばやいという意味の言葉ですが，修正すること
を前提に，できることから始めてよりよいものをつくって
いくスタイルです。完璧をめざして準備等に時間がかかり
すぎて動けないより，現段階では完璧なものがない，何が
正解かわからないといったオンラインでの活動だからこそ，
このやり方が合います。とりかかりやすい活動がホームル
ームです。ここでは朝の会，帰りの会について紹介します。

❶　従来の活動をオンラインに置き換える

　オンラインの特性には同期型，非同期がありますが，従
来の活動となると，リアルタイムで顔を見合わせて行う同
期型が中心となります。そこで，活用するのが Web 会議
システムです。

(1)　朝の会

　まずすることは出欠です。Web 会議システムに子ども
たちが参加し，教師が一人ひとりの名前を呼び，返事をし

てもらい出欠を確認します。教師からの連絡や1分間スピーチなど子どもたちの活動を加えることも可能です。

(2)　帰りの会

　次の日の連絡や一日の振り返りなど，これらも Web 会議システムで可能です。朝の会でもそうですが，ここで出てくる問題はミュートです。教師のスタンス（つぶやきをひろう）や子どもたちの発達段階（よけいな音をたててしまう）の課題によりますが，いろいろと試してほしいです。

❷　オンラインの特性を活かした挑戦をする

　従来の対面での活動ではできない，オンラインの非同期型を活かしたものです。そこで，活用するのがプラットフォームや双方向型授業支援システムです。

(1)　朝の会

　チャット機能を活用した健康観察をすることで，記録として残すことが可能です。

(2)　帰りの会

　リマインド機能を活用することで，連絡をメッセージとして子どもたちにリアルタイムで配信することができ，忘れ物などを減らすことができます。

（山中　昭岳）

みんなで楽しめるホームルームレクリエーション

　遊びにとって大切なこと，それは諸感覚を使って人を感じることです。今，オンライン飲み会等，従来の生活でやっていた様々なことをオンライン上で試そうとしています。最初は珍しいので楽しめますが，何か物足りなくなります。その原因の多くは，オンラインでは視覚と聴覚のみで他者を感じなければならないからです。嗅覚や触覚，味覚を共有できることで他者と共感し，人間関係が築かれていき，楽しさを感じていくのです。遊びにとって大切なこれらの感覚を封じられているということを念頭において，オンラインで楽しむということ，実際に会うことの価値に気づくことに挑戦してもらいたいと思います。

❶　オンラインだからやってみよう！

　視覚，聴覚しか伝えることができないオンラインだからこそ，今まで他の感覚が邪魔してなかなかうまくいかなかった視覚，聴覚だけを用いる遊びをしていきましょう。

(1)　オンラインにらめっこ

　にらめっことは，おもしろい表情（視覚）により，笑ったほうが負け（聴覚）という遊びです。全員ミュートを解除し，少しでも声が出たら負けで画面をミュートしていき，

最終的に残った人が勝ちとなります。

(2)　オンラインしりとり

Web 会議システムのチャット機能を用いたしりとりです。これは視覚のみを活用した遊びです。一番はじめの言葉を教師がチャットに書き込みスタートです。速く打ち込んだ人の言葉の後に続けていきます。キーボード入力のトレーニングにもなります。

❷　オンラインでもできる，でも……

人と人とが関係を築くために必要な，実際に会うことの大切さを実感するための遊びです。

(1)　オンラインじゃんけん

オンラインに向いていそうですが，物足りなさが出てきます。何が足りないのか，試してもらうとわかります。

(2)　オンラインランチ会

子どもたちはオンライン飲み会にあこがれがあります。そこで，お昼を一緒に食べるという活動をします。先に述べたようにはじめのうちは楽しいのですが，物足りなさを感じた時にどうしたら楽しくなるか，味覚，嗅覚の共有を言語活動で補ってみることに挑戦してみてください。

（山中　昭岳）

みんなで楽しめる
ホームルームの体操

　臨時休校中のオンライン学習では，家庭にいる時間が多いため，平時より運動する時間が激減します。そこで，私たちの学校では，授業内ではなく，学級活動の中でOnline GYMと称して，運動プログラムを実施しました。

● 1日5分のエクササイズ

「はい，それでは今日は速く走れるようになるための基礎トレーニングを行いましょう」

と，iPadのカメラに向かって話しているのは体育専科の教師です。撮影した録画データは，テキストの解説カードを加えて，ロイロノートの資料
箱「先生のみ共有フォルダ」に
保存し，クラス担任のアイディ
アで活用しました。

(1) クラス担任によるエクササイズ

　各クラスで，朝の会の時
間を利用し，Zoomを通し
たエクササイズを行ったり，
放課後の自由な時間に運動
をした動画や感想を提出し，それを翌日の朝の会の時に共

有したりしました。その時の様子が左頁の写真（動画の一部）と右のコメントです。このように，担任が学年・クラス特性を考えながら実施しました。

> 体操は，最近あまり動いてないので思ったよりきつかったです。でも，あの体操を毎日やっていると良い体操になると思います。今日から毎日続けていきたいと思いました。

(2)　「Online GYM」で様々なトレーニングを提案

　体育専科の教師は，子どもたちが毎回興味をもって取り組めるようにエクササイズカードをシリーズ化しました。

・箱を使った簡単なトレーニング

・速く走れるようになるトレーニング

・動体視力を向上させるトレーニング

など教師が動画で撮影してシリーズ化したものを送信しました。下のシリーズでは，YouTube のトレーニング動画をロイロノートにて紹介し，自宅での運動を推奨しました。

　「カードを見て，各自でやっておこう」ではなく，担任がそれぞれの手段で一緒に取り組んだことで，子どもたちが積極的に運動に取り組むことができたと考えています。

（龍　達也）

> **〜今，スポーツにできること④〜**
> さまざまなスポーツ選手が家でできるトレーニングを紹介（しょうかい）しています。
> 今日は千葉ロッテの選手のトレーニングを紹介したいと思います。

教科以外でのオンライン学習

　自宅で過ごす時間が長くなると，他者とのコミュニケーション量が少なくなります。新型コロナウイルスの影響で屋外での活動が制限されると，時間を持て余す子どもたちが増えてきました。そこで，私たちの学校では，子どもたちの放課後の活動の場をオンラインで企画しました。

❶　学校間交流

　Zoom を使用してオンラインでの授業を行なっている学校の教師と相談・企画し，学校間交流を行いました。

⑴　異年齢での英語交流会

　北は北海道，南は九州の５つの学校にてオンラインでの英語交流会を実施しました。小学生から高校生，そして，ネイティブの教師も加え，83名が参加。Zoom のブレイクアウトセッションの機能を使用し，異なる学校の参加者にて１組３～４名を編成し，事前に準備した自己紹介やクイズで交流をしました。はじめは恥ずかしがっていた子どもたちも，回を重ねるごとに自信をもって英語で表現できていました。ブレイクアウトセッションでは，年長者がファシリテーターを務めるルールとし，高校生が小学生をリードしてくれたことで，スムーズに会を進行できました。

⑵　192Future school

　私立小学校のプラットフォームである192cafe 主催で，他の学校の教師が授業を行う192Future school を全5回開催しました。Kahoot! を使った社会科・理科クイズや，Zoom のブレイクアウトセッションの機能を使った「楽しい自宅での過ごし方のアイディア共有」などの授業に，約80名の子どもが参加し，オンライン上で交流を行いました。小学生が対象ということもあり，①学校の教師からの案内，②保護者の申込，と安全面に配慮して開催しました。通常の授業と違った学びがあり，他の学校の子どもとの交流は思い出に残る時間となったようです。

❷　希望者放課後講座「KEIAI channel」

　私たちの学校では，午前中にオンラインでの授業を設定し，午後の時間には希望者対象の放課後講座「KEIAI channel」を開局することにしました。教師の得意分野を活かし，教科の枠を超えて，子どもが楽

> 放課後講座
> **KEIAI channel**
> ・iMovie 講座
> ・Clips 講座
> ・体育の先生がお菓子作りに
> 　挑戦
> ・折り紙
> ・Animal チャンネル
> ・似顔絵講座
> ・国旗・国名クイズ王決定戦
> ・のの様アカデミー　　　　他

しめる内容を設定しました。1年生から6年生までたくさんの子どもたちが参加し，講座を担当した教師にとっても楽しめる時間となったようです。

（龍　達也）

オンラインで心身の
悩みを相談

　新型コロナウイルスの感染拡大で自宅の滞在時間が増え
た子どもたち。心配したのは，子どもたちの心理的なスト
レスです。私たちの学校では，その状況をキャッチし，対
応すべく様々な取り組みを行いました。

① アンケートで状況把握

　毎月１回，Google フォームを
使った児童アンケートを実施しま
した。学習への参加度や，オンラ
インでの授業のよい点や改善を希
望する点，また，授業以外で困っ
ていることなどをリサーチしまし
た。参加状況は，アンケートの回

児童アンケート
「授業の参加について」

数を重ねてもほぼ変化はなく，参加満足度は高い状態で推
移しました。よい点で回答が多かったのは，「友だちや先
生と一緒に会える（勉強できる）」でした。双方向型の授
業の取り組みによって，３ヶ月以上続いたオンラインでの
学習であっても意欲を継続することができたと考えていま
す。改善を希望する点や困っている点としては，ほとんど
が「機器のトラブル」でした。「Zoom やロイロノートが
接続できない」等のコメントが寄せられましたが，その人

数は減少しており，自分たちで解決できる方法を身につけていってくれたように思います。心配していた「目の疲れ」は毎回1名程度の回答でした。

② 朝の会・帰りの会での個別相談

　私たちの学校では，オンラインでの授業の前後に朝の会と帰りの会を実施しました。朝の会では，心身の健康状態の変化に留意して健康観察を実施し，その後朝の読書の時間に担任と児童の個人面談を行い，子どもたちとコミュニケーションをとって心理的なストレスがないか確認をしました。帰りの会の後は，希望する児童（保護者も可）の個別相談も設定しました。オンライン授業に参加できていない児童には連絡アプリ BLEND で保護者に参加状況を連絡し，保護者との連絡を密に行い，児童の心身の状況把握に努めました。

③ オンライン保健室の開室

　年度替わりで新しい担任に相談しにくい場面を想定し，オンライン保健室を開設し，15分間の休み時間や放課後の時間に自由に来室できるようにしました。Zoom 上で伝えることが苦手な児童のために，ロイロノートのカードで養護教諭に相談する取り組みも同時にはじめました。自宅時間の過ごし方や身体の成長に伴う相談などが寄せられ，オンラインでも，心理的なストレスを軽減することができたと考えています。

（龍　達也）

Web 会議システム以外の双方向ツール

　Web 会議システムは音声を中心に，表情等の非言語情報もやりとりする双方向ツールです。教室の対面授業に近い対話形式で授業を進められるよさはありますが，画面を見つめる時間が長くなったり，学習者が自分のペースで学ぶことが難しかったりするデメリットもあります。それでは，Web 会議システム以外の，双方向でやりとりできるツールにはどのようなものがあるのでしょうか。

❶　文字言語による双方向ツール

(1)　非同期型のツール

　非同期型の双方向学習は，メールのやり取りに似ています。子どもから送信された課題に対して，教師は採点やコメントを加えて送り返します。送り手と受け手のやり取りには時間差が生まれるものの，子どもは成果に対するフィードバックを受けるため，学習への意欲や意味づけを生み出すことにつながります。これは，Classting の「宿題」機能や，Teams の「課題」機能など，様々なアプリで扱うことが可能です。

(2)　同期型のツール

　同期型双方向の学習は，グループで模造紙に書き込む活

動に似ています。教師が作成したフィールド上で，子ども
たちは同時に書き込みを行い，互いの言葉に影響を受け合
いながら，活動を進めます。この時，子どもたちは互いを
モデリングしながら進めているため，よりよい学習活動へ
と結びつくことが期待されます。これは，ロイロノートや
OneNote といったアプリで行うことが可能です。

❷　非連続テキストによる双方向ツール

　双方向でやり取りするのは，文字言語だけではありませ
ん。絵や写真といった非連続テキストも，適切なツールを
使うことで，双方向で学ぶよさを生み出すことができるの
です。例えば，図画工作の授業で，家庭で描いた絵を互い
に鑑賞する活動を設定したとします。Web 会議システム
を用いると，一人ひとりが見せ合う絵に対して感想を述べ
合えるよさがありますが，ロイロノートや Teams 上で
PowerPoint など画像を貼りつけるアプリを使えば，互い
の作品を一覧として並べて鑑賞することができます。じっ
くり比べることにより，違ったよさを見つけることができ
るのではないでしょうか。

　この他に Google フォームといったアンケートアプリも，
結果を子どもにフィードバックすることで双方向にするこ
とができますし，チャットやメールの学習活用も有効です。
教師側に双方向の学びを指向する構えがあれば，多くのツ
ールが双方向で活用できると言えます。

（宍戸　寛昌）

同期・非同期を組み合わせた授業設計

　今回のコロナ禍により，あらためて教室とは友だちや教師などの人的環境と，教具や教材といった物的環境が様々に影響し合うオールインワンの場であることが認識されました。そのため，その機能を全てオンラインで代替しようとする授業デザインは，その時点で破綻しています。しかし同期・非同期の様々なソフトウェアと活動を組み合わせて授業設計をすることにより，教室ではできない学びが生まれる可能性があります。

❶　学習段階に応じてツールを組み合わせる

①課題把握・一人学びの段階

　教室の授業では，既有知識や技能がばらばらな子どもたちに対して，短時間で同じ課題に取り組ませることが多々あります。しかし，オンライン学習では事前に資料となる動画を視聴したり，インターネットで情報を収集したりと，子ども自身が必要とする知識を，主体的に集めておくことができます。

②意見交流・情報共有の段階

　課題に対して自分なりの意見と根拠をもった子どもが，友だちとつながりたいと思うのは当然です。Zoom などのWeb 会議システムを使って交流する場を設けていきまし

ょう。教室におけるグループトークに比べ，やりとりする情報が制限されるため，残り時間や話し合いの目的を明確に意識した話し合いにすることが可能です。

③学びの意味づけの段階

　本時の学びをまとめる段階では，Google フォームや Microsoft Forms といった集約アプリを使うことで，子どもの意見を効率的に集めたり，次時の授業の資料として活用したりしやすくなります。また，ロイロノートや Teams などのアプリを使い，課題に対する成果を相互閲覧可能な形で集約することも可能です。

2　学習状況に応じてツールを組み合わせる

①個別に習熟を深めさせたい状況

　オンラインが得意とするのが，個別最適化された学習です。知識・技能を高めるために問題演習を行う際も，一律のドリルやプリントを用いて一斉にやらせるのではなく，習熟の度合いに応じて次の問題を調整して提示するアプリを使った方が，高い効果が得られるはずです。

②個別に重点指導をしたい状況

　Web 会議システムはグループでのやりとりだけでなく，個別の指導にも向いています。例えば，クラスの子ども全員を一つの会議室に招待し，個別に指導が必要な時だけブレイクアウトルームでマンツーマン指導を行うような授業を考えることができます。

（宍戸　寛昌）

双方向学習での
学習評価を考える

　オンラインでの双方向学習では，同期型，非同期型のどちらにしても，従来の対面の授業の代替を行いがちです。教師が指示や発問をし，それに伴い子どもたちが活動する様子をリアルタイムで見取り，声かけをするといったことは，オンライン上では至難の業です。

　そこで，双方向学習において，やりとりができる利点を活かして，子どもたちと共に学習評価をつくってみてはどうでしょう。学習評価を子どもたちと共有することは，自ら学びを進めることを育むということにもつながります。

❶　子どもたちと共につくる学習評価

　教師は授業において，本時のめあてを設定していくのですが，そのめあてに対する具体，つまりルーブリックをつくっていくことに子どもたちも加えることで，本時の学習は何のために，何をどうすることで学習したことになるのかが明確になります。

(1)　ルーブリックの活用

　ルーブリックとは，学習のゴールを明確にすることであり，この学習の終わりに自分がどうなっていれば，この時間のめあてが達成されたのかを具体化したものです。そし

て，ルーブリックはその達成段階（B→A→Sのように）を設定することで，自分がどれくらいできたのかが明確になり，課題もみつけることができます。

(2)　KPT シートの活用

　振り返りに KPT シート（右）を活用します。ルーブリックと合わせ，自分は何ができて，何がよかったのか（K），改善すべき点

```
ふりかえり（KPT）シート
　　年　月　日（　）名前（　　　　）
┌─────────────┬─────────────┐
│　K（Keep）　　　│　T（Try）　　　│
│　　　　　　　　│　　　　　　　　│
│　　　　　　　　│　　　　　　　　│
├─────────────┤　　　　　　　　│
│　P（Problem）　　│　　　　　　　　│
│　　　　　　　　│　　　　　　　　│
└─────────────┴─────────────┘
```

（P），次は何に挑戦していこうか（T），といった振り返りの流れを 1 枚のシートで表すことができます。

❷　評価の実際

　右は，めあてとルーブリックの実際です（■はそれぞれを設定する時のポイント）。

　ルーブリックを子どもたちと共につくるこ

```
めあて　　　　切実感のある課題
　学校紹介のビデオクリップをつくろう
ルーブリック
　　　相手意識
S│これをみた人がさとえ学園小学校を受験したくなる
　　　目的意識
A│さとえ学園小学校の施設でどんな学びが行われるか
　を紹介することができる　方法意識
　グループみんなが協力してつくることができる
　　　役割　アイディアを出し合う
```

とは容易ではありません。しかし，教師がまずは示し，共にやりとりしながらつくり続けていくことが大切です。またオンラインならではのよさとして，普段発言できない子どももチャットならば書き込むことができ，ルーブリックづくりに一役買うこととなり自信がつきます。　（山中　昭岳）

第5章 引用・参考資料

・樋口万太郎・堀田龍也編著『やってみよう！小学校はじめてのオンライン授業』学陽書房（2020）

・西岡加名恵・石井英真編著『教科の「深い学び」を実現するパフォーマンス評価』日本標準（2019）

・関西大学初等部『関大初等部式　思考力育成法』さくら社（2012）

・マイケル・B・ホーン，ヘザー・ステイカー著／小松健司訳『ブレンディッド・ラーニングの衝撃』教育開発研究所（2017）

・石井英真『授業づくりの深め方　「よい授業」をデザインするための５つのツボ』ミネルヴァ書房（2020）

・Esther Derby, Diana Larsen 著／角征典訳『アジャイルレトロスペクティブズ　強いチームを育てる「ふりかえり」の手引き』オーム社（2007）

・西村直人・永瀬美穂・吉羽龍太郎著『SCRUM BOOT CAMP THE BOOK』翔泳社（2013）

第6章

これからの教師に求められること

　2020年３月から始まった新型コロナウイルス感染拡大防止のための休校は学校によっては100日近く続いたところもあります。

　こうした長い休校とオンライン学習の展開によって，これからの教師に求められることは大きく変わりました。

　そこで，オンライン学習とどのように向き合うのか，そして，どのような授業をつくり出していくべきかなど，これからの教師に求められることについて述べていきます。

　私たちの研究会も「オンライン学習をどのように進めていくか」といった手段やハウツーを意見交流するところからスタートし，「これからの学校での学びとは何か」といった，学びの本質的な姿への議論へと深まっていきました。

　この章では，これからの学校，これからの教師のあり方について一緒に考えてみましょう。

学校に『黒船』がやってきた……
―これからの教師の意識改革―

　大学で「授業はオンラインで行う」と決まった時，ある教員が「学校に『黒船』がやってきたな」とつぶやきました。ここでは，教師としての意識改革について考えてみましょう。

1　「黒船」はずっと以前からきていた

　臨時休校対策として急遽導入されたオンラインでの授業の存在は，学校現場にとって，浦賀沖に姿を現したペリーと黒船が日本国内に衝撃を与えたことと重なります。しかし，ペリーが来航する以前から，ロシア等の異国船が交易を求め来航していたように，学校における教育の情報化も「教育のICT化に向けた環境整備5か年計画」にもとづき，感染拡大以前から着々と進められていました。つまり，オンラインを使った学習は忽然と現れたのではなく，時代の必然なのです。とくに，情報活用能力の育成は，予測不能な時代を生きる子どもたちにとって，言語能力，問題発見・解決能力等と同様に学習の基盤となる「資質・能力」として欠かせないものだと言えるでしょう。

② 現場が歴史を動かした

　黒船来航当時，九十九里の海を守る先頭に立った小倉伝兵衛は，海を知り尽くした漁師たちの情報網と組織力を活用し，幕府や役人からの指示を待つことなく，率先して地域の異国船対策を立案し，地域の海防に貢献しました。

　オンラインでの学習を導入する際も，子どもたち一人ひとりの学習状況やニーズを熟知するといった教員の力量は欠かせません。地域や家庭の事情により，子どもたちが置かれた ICT 環境や，学びのニーズは多種多様です。「全員の ICT 環境が整うまでオンラインでの学習は進められない」という他人任せの姿勢でなく，知恵と組織力で積極的に行動し，現場主義で教育の情報化を推進していく必要があります。

③ 歴史は決してもとには戻せない

　黒船により幕府の求心力が低下し，時代は明治維新へと進みました。時代の流れはもとには戻りませんでした。同じように，オンラインを使った学習で十分にできることに気づいてしまった子どもがいます。また，休校期間や分散登校による学習の遅れは，対面授業だけでなく，オンライン授業を併用する方が効率よくできると悟った教師もいます。**動き始めた歴史は以前の時代に戻せません。教育の在り方も，時代に合わせて変えていく必要があります。まさに，「オンライン教育維新」が少しずつ動き始めています。**

（加藤　拓由）

オンライン動画づくりを通して授業力を高める

　非同期のオンライン授業づくりを通して改めて大切だと感じたことを，以下の3つに絞って説明します。
　①学習内容を精選すること
　②説明，発問，指示を明確にすること
　③子どもの反応を豊かに想定すること

❶　学習内容を精選すること

　授業動画は10分程度の長さが適切です。その中に学習内容を収めようと思えば，相当内容を絞らなければいけません。「捉えさせたいことを一つだけ」。それぐらいの意識をもつことが必要です。絞れば絞るほど，最も大切な部分だけが浮かび上がります。このように，**学習内容の精選**を繰り返すことで，教科の本質が見えてくるようになります。

❷　説明，発問，指示を明確にすること

　授業動画をつくる時に多くなる**指導言**は，おそらく**説明**でしょう。

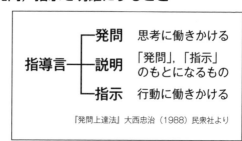

```
　　　　　┌─発問　　思考に働きかける
指導言──┼─説明　　「発問」,「指示」
　　　　　│　　　　　のもとになるもの
　　　　　└─指示　　行動に働きかける
```

『発問上達法』大西忠治（1988）民衆社より

説明ばかりになると子どもたちは受動的な態度で授業を受け，ただ動画を眺めているような状態になりかねません。しかし，適切な説明があるからこそ**発問**や**指示**が生きてきます。「なぜ，○○は，Aを選んだと思いますか？　動画を止めて，ノートに理由を3つ書きましょう」などの具体的な発問や指示を出し，子どもの思考や行動に働きかけることが大切です。発問や指示が明確であれば，子どもは思考し，行動します。3つの指導言のバランスを考えて使用し，それぞれを機能させることができる授業づくりを意識したいものです。

③　子どもの反応を豊かに想定すること

　非同期のオンライン授業とリアルな対面式授業の最大の違いは，**「子どもの声があるかないか」**ということです。授業動画の中では，子どもが反応するだろうと思われる言葉を画面の向こう側の子どもたちへ返し，考えを深めさせると効果的です。そうするためには，先述の指導言を発した時に子どもがどのような反応をするのか，どのようにつぶやくのか，多様に想像しながら授業を構成することが必要です。これは，対面式授業でも変わりません。子どもの反応を十分に想定することで授業者は余裕をもち，子どもの言葉でつないでいく豊かな授業ができるようになります。友だちの反応を聞き，考え，返す。子ども同士を「つなげる」という視点でも欠かせない教師の準備だと言えます。

（宗實　直樹）

オンラインだからこそ
子どもの意見を取り入れる

　私たちの学校では，休校中，Web会議システムを使った授業を毎日２時間，１学年約120名を対象に行いました。そのため，授業の集中力をいかに持続させるかが大きな課題でした。これを打開するため，**「投票機能」**と**「オンラインreflection」**の活用を進めました。

① 投票機能を使って６年生社会の授業を展開

　投票機能とは，こちらから質問を投げかけ，その答えを即座に集約できる機能です。Web会議システムを使った授業において，学び合いの場を設定することはなかなか難しいのですが，この機能を使うことによって，友だちの意見を即座に知ることができます。これにより，同時性が生まれ，一方的ではない授業が成立し，子どもたちの学習意欲の向上につながっています。例えば，以下のようなテーマで投票機能を使いました。

> ・「クラス世論調査」支持する？　支持しない？
> ・「裁判員裁判」４つの判決から選ぼう

❷ オンラインreflectionを使い5年生社会を展開

【オンラインreflection】とは

　ロイロノートの「返却」機能を使い，課題とreflection（振り返り）を子どもに返却する取り組みです。毎時間，授業終わりに「今日の授業で，学んだことや疑問に思ったことを書きましょう」と指示し，その内容を次の授業のkeynoteなどに反映し，書いた子どもに発表させつつ授業を進めています。

　この取り組みについてアンケートをしたところ，右のように子どもたちの学習意欲が高まることがわかりました。「reflectionを書くと，授業の理解が深まる」という項目も，

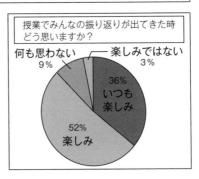

授業でみんなの振り返りが出てきた時どう思いますか？

何も思わない 9%
楽しみではない 3%
いつも楽しみ 36%
楽しみ 52%

5年生へのアンケート（129名回答）

深まると答えた子どもたちが**約93%**でした。

　教員も授業準備に時間を割くことのできるオンライン学習だからこそ，reflectionを丁寧に見とることができており，細かな指導や教材研究につながっています。

　どちらの実践も，**子どもの意見をいかに授業へ取り入れるか**を主眼としています。この視点が双方向のオンライン学習では大切だと考え，実践を進めています。　（松谷　如雪）

デメリットよりもメリットに目を向ける

　新型コロナウイルスの感染拡大は，前例がない中で各学校の対応が求められる事態となりました。次世代を担う子どもたちには，このような前例のないモデルを切り拓いていく力が求められるようになるでしょう。そのため，これからの教師は，常にそのことを念頭において教育を行っていく必要があります。

● オンラインでの講演を担当して

　臨時休校が全国に拡大する中，オンライン授業の実践事例を紹介するオンライン講演会が数多く開かれました。筆者もいくつかの講演会で講師を担当し，本校の取り組みを共有してきました。毎回たくさんの教育関係者が集い，先生たちの「子どもたちのために何か動かねば」という熱い気持ちを感じました。

　講演会では，筆者の学校が，デメリットよりもメリットが大きいと確信し，内閣総理大臣の臨時休校声明の翌日には，オンラインでの授業実施を発表するほど，早期に決断したことをお伝えしました。そして，児童・保護者の生の声を紹介し，当初想定していたデメリットの部分はほとんどが杞憂に終わったことも講演の中でお話ししました。

　しかし，参加した教師の受け取り方は様々であったよう

に思います。公立私立の違いや役職・立場の違い，価値観の違いなど捉え方は十人十色でした。

　ある教師は，筆者に何度もメール等で質問をし，オンラインでの授業実施に向けて意欲的に取り組まれました。ある教師は，施設・設備がないことを理由に断念されたりと各学校の事情で反応も様々でした。

　今回の新型コロナウイルスへの対応は，誰もが初めての経験でした。ゼロから創り上げていくにあたり，筆者は次の3つの認識が大切であると考えています。①**「何事にもデメリットがあるということ」**そして，②**「アイディアは先行している学校や同じ悩みを抱えている学校で共有することで解決の道筋がひらけること」**最後に③**「学校の風土は，過去の教師がつくったものではなく，管理職だけがつくるものでもなく，その場にいる全員でつくっていくこと」**です。

　子どもたちには，未知の山積する課題を解決する力が求められています。その子どもたちを育てる私たちが，今，そのような力を発揮できるかどうかが問われているのではないでしょうか。ICT機器は，場所と時間を超えてつながる力を与えてくれます。そのような機器を利用し，一人の力だけではなく他の教師とも協働し，主体的・創造的に解決しようとする姿勢こそ，これからの教師に必要な力ではないでしょうか。

（龍　達也）

家庭と共に学びを
つくっていく

　オンラインによる授業は，機器の準備など保護者のサポートが必要です。保護者が授業を隣で見ていることもしばしばです。教師にとっては緊張の連続ですが，関わり方を変えるだけで気持ちが楽になります。

① オンラインによる授業は毎日が参観日

　双方向の授業をしていると，隣から保護者の声が聞こえることがよくありました。「○○って答えなさい」「先生の言っていることわかってるの？」「ほら，手を挙げなさい！」などなど，保護者のささやきが入ってくることがあります。

　また，授業後にアンケートをすると，「もう少しゆっくり説明してほしい」「図がわかりづらかった」「指名にかたよりがある」など，保護者から具体的なご指摘を頂くこともあります。

　保護者にクラスの様子や授業内容を知ってもらうことはよいことですし，授業へのご意見は真摯に受け入れるべきです。

　しかし，教師からすると保護者にじっと見られていると思うと，窮屈さを感じ精神的につらくなってしまいます。

❷　参観者から参加者へ

　では，どうすればよいでしょう。子どもたちが授業に集中できないので，授業中は子どもから離れてくださいとお伝えするもの1つの方法でしょう。しかし，機器の操作など保護者に協力していただかないと受講できない子もいます。また，見ないでと言われると逆に見たくなるのが人間の心情ではないでしょうか。

　私の場合は教師として参加をお願いしています。

⑴　ファシリテーターとして参加してもらう

　オンライン授業のグループワークでは，教師1人ですべてのグループを同時にみることは難しいです。そこで，話し合いが止まったり，話せていない子がいたりする場合には保護者にサポートをお願いしています。

⑵　ゲストティーチャーとして参加してもらう

　社会科などでは，子どもたちからの疑問や質問に1人の大人としての考えを話してもらいます。子どもたちもいろいろな大人の意見を聞くことで考えが深まります。

　大切なことは，保護者も一緒に授業づくりに参加してもらうことです。保護者にも，教師目線になってもらうことで，家庭と共に学びをつくることができるのではないでしょうか。

（秋山　貴俊）

教職員全員がオンライン学習への意識を高める

　オンライン学習の登場は，これまで以上に，子どもが主体的に ICT を活用し自ら学ぶ授業の必要性を示しました。教師には，子どもの主体的な学びをコーディネートしていく力が必要となりました。これは全職員がつけるべき力です。そのためには，リーダーの存在と牽引力が必要です。

❶　管理職の意識で授業は大きく変わる

　オンライン学習の推進は，ハード面の整備，ソフトの選択，教育課程の編成，家庭との連携など多岐にわたって準備や承認が必要です。それを束ねる校長・教頭が，オンライン学習を肯定的に捉えないと前進はありません。

　管理職こそ，社会情勢や文科省の情報などをいち早くキャッチし，自校の子どもたちのためになるオンライン学習についてその方針を職員に示すべきです。そして，適材適所の役割分担と各部への適切なアドバイスにより，教職員集団が主体的に動き始めます。

❷　研究主任や情報教育主任の役割

　教職員一人ひとりがさらにオンライン学習に意識をもって取り組むようになるには，授業者の中にもリーダー的存在が必要です。それが，学校の研究や子どもの学力の実態

を最も把握している研究主任と，ICT の活用や環境整備に詳しい情報教育主任でしょう。それぞれが連携し補完し合うことで，さらにオンライン学習は推進されるでしょう。

❸　全職員の意識が高まる取り組み

　新年度が，休校とオンライン学習で始まったある学校（校内に児童数の 3 分の 1 のタブレットがある）では，次のような取り組みが行われました。

- ・家庭にある通信環境調査の依頼と情報収集（教頭）
- ・家庭でのオンライン学習用のタブレット配当計画と双方向型授業支援システム個人 ID 配布（情報教育主任）
- ・校内研修で教職員が Zoom で部会開催（研究主任）
- ・オンライン教材研修や情報共有（研究部・学年主任）
- ・YouTube 開設と動画配信（研究・情報の副主任）
- ・動画作成やオンライン教材開発（担任・専科）
- ・他学年のオンライン学習の見学（各学年の交流）

　これらの取り組みで，教職員の意識とチームワーク力が確実に高まりました。子どもに力が培われたことも，理解し合いました。最も大切なのは，これらのことを教職員が認め合い，成果を評価し合うことです。

　学校再開後の授業では，オンライン学習で使った教材を再利用できました。密になれない集会や交流も，Zoom を使って活動できました。教職員は，オンライン学習の学びの内容や方法が，再開後の授業にも役立っていることを再確認しています。

（西尾　環）

オンラインで学びを豊かにする

オンライン学習は，教師の専門的力量の形成に，どのような変化をもたらすのでしょう。

❶ オンラインでの学びで何が変わるか

⑴ 授業方法の選択肢が広がる～授業観の変化～

オンライン学習により学習展開の可能性が広がりました。

①家庭で動画を見て予習した上で，学校で解説や討論を行う反転学習（例：歴史上の人物の政策を調べて，背景や社会の変化について話し合う）。

②課題について専門家から知見を得る・現場関係者会議に参加・バーチャル見学等，現実社会とつなぐ学習（例：子牛の行方を追う過程「離島の生産農家→船→せり市場→肥育農家→県外」を見学，専門家の話を聞く）。

③他校と接続し（遠方以外に，近隣校や校内接続もある），多様な他者の見方・考え方にふれる対話型学習（例：屋久島と奈良の学校を結び，世界遺産の守り方について，環境保全派と観光推進派に分かれて討論する）。

対面とオンラインの併用により，一人ひとりの学び方やペースを尊重し，共有し合って多種多様な学習方法を身につけることができます。画一的な一斉学習の再現ではなく，**自己調整学習**を目指します。大切なのは，最新テクノロジ

ーの活用よりも，**「つけたい力」を明確**にした上で，**その実現のための効果的な展開**を考えていく授業設計です。

(2)　新しい学習コミュニティが生まれる

　コロナ禍で，Web 会議への参加者が急激に増えました。研究者，実践家，企業，保護者，行政など，校種・教科・立場・職業・国籍等の壁を越えたメンバーが集う新たな学習コミュニティができます。教師は，多様な視点をもつ他者との関わりで自己の偏りを自覚し，授業スタイルや教師としてのあり方を省察することで成長が促されます。これまで一般的でなかった教員同士のオンライン授業参観や動画提供，遠隔合同授業，複数校合同研修などを行う学校も出てきました。自校文化や地方教育行政の枠，教職の閉鎖性を越え，教師の学び方が大きく変わってきました。

②　今，求められる教師像とは

　平日夜や週末も多種多様なオンラインセミナーが行われ，テーマ・場・時間を選択して自分の学びのマネジメントができます。オンライン会議のホスト役では，情報リテラシーだけでなく，ファシリテーターの力量が求められます。他者と協働するチームの一員としてのコミュニケーション能力も重要です。今，固定観念に囚われず，社会の変化に柔軟に適応できる教師，自己実現に向けて自律的に学び続ける教師，発想力・創造力豊かな単体として魅力ある教師が求められています。

（山口　小百合）

新しい学びを模索する勇気

　2020年３月，筆者ははじめてオンライン学習を行いました。当時，小学校での実践例は少なく，自分にとってはゼロからのチャレンジで，失敗の連続でした。しかし，そうしてトライ＆エラーを重ねていくうちに，少しずつ見えてくるものがありました。

❶　発想の転換

　新しい学びを模索するには，今までの常識に囚われない発想の転換が必要です。これまでの授業をオンラインに当てはめるのではなく，オンラインならではの学びを模索することを楽しみましょう。

　例えば，対面授業では，導入・展開・まとめを意識して授業をつくりますが，オンラインではそれに囚われることはありません。はじめに結論を提示し，その理由をオフラインで考えて提出箱へ提出し，後日それについてディスカッションするなどの授業展開も考えられます。そう考えていくと，45分単位で授業をつくる必要もないのです。オンラインで15分つないで学びの入り口をつくり，あとはオフラインの活動へ移行し，各自のペースで取り組むなどの発想も時には必要です。

② 新しい学びをつくる

　オンラインで理科実験は難しいと言われますが，筆者は毎時間オンラインで理科実験をしていました。ここも発想の転換が必要で，全員が全く同じ実験をする必要はないのです。40人40通りの実験を子どもと楽しんでいました。

　例えば，4年生理科「ものの温度と体積」では，家にある空き瓶を使い，そこに洗剤水をつけ，手で温めるとシャボン液が膨らむという実験をやりました。子どもによって瓶のサイズが様々なので，膨らみ方に違いがでます。その違いを比較し，科学的に考察していきました。家なので，追加実験も思う存分にできます。他には，花の解剖や雑草を使った植物の分類実験，家にある電化製品を使った電気の実験など様々に取り組みました。

　また，オンラインでプロジェクト型の授業にチャレンジしたこともありました。4人1チームを組み，それぞれのチームに違う植物の種子を届けました。「種子を発芽させ，何の種子か調べよう」という課題を提示し，グループでの課題解決型学習をしました（吉金，2020）。その期間のオンライン学習は，ほとんどがグループセッションの時間です。各チームの様子を覗きにいくと，どのチームも活発に議論していました。家の人を巻き込んで議論しているチームやインターネットを巧みに使って，問い合わせている子もいました。オンライン学習は，子どもがICT機器を活用し，学びの可能性を大きく広げるチャンスだと考えています。

（吉金　佳能）

191

新しい学校づくりを
模索する勇気

　明治時代に近代教育制度が誕生して，大正・昭和・平成・令和と時代が変遷する中で，その内容も変化してきました。しかし，世の中の動きはその変化よりも早く，教育界は今，大きな転換点にあると言えるでしょう。

① テクノロジーが進化する時代下での教育

　人工知能（AI）が発達し，テクノロジーが進化する未来では，解法パターンを学習し，過去問を解き込み，テストでその知識を再生する力は重要ではなくなっていくことでしょう。そのような力は，プログラミングされた機械には到底かなうはずがありません。

　人がAIと共存する時代がもう目の前にきています。これからの時代を生きる子どもたちには，「良質の知識の理解」が重要となり，そして，「0を1にする力」「1をさらに大きくする力」がますます求められてくることでしょう。そのために，学校教育の場は，「子どもたちがICT機器を使いこなし，多様性を認め合い，協働しながら，未知の問題に対し，主体的・創造的に解決していく場面」をこれまで以上に設定する必要があると考えています。

② 新しい教育モデルのために

　従来の教育モデルを脱却するためには，**教師の当たり前を見つめ直す**必要があります。コロナ禍のオンライン授業では，これまでの「授業」の概念の転換が求められました。私は３月からのオンライン授業スタートにあたり，「未知の問題を主体的・創造的に解決できる児童の育成を目指す本校の先生が，前例のない『授業』をよりよいものにできるのか。それが，私たちに突きつけられています。全員で知恵を出し合って乗り越えましょう」と全教師に伝えました。私たちの学校では６年前から iPad を使用した授業研究を行ってきたこともあり，そのノウハウを活かし，実践事例を共有しつつオンライン授業を進めていきました。

　オンライン授業は一例に過ぎません。人間の行動は，過去の経験によって大きな影響を受けるものです。しかし，それに囚われすぎて，枠をつくってしまい，外の世界を異質なものとして排除してしまうことがあります。現状維持は衰退の始まりにしか過ぎません。常に現状を見直し，改善していこうという姿勢が，私たち教師に更に求められているのかもしれません。また，これからは教師間のコミュニケーションがますます必要となってきます。相手の意見を批判するだけではなく，受け入れて，共に創り出していこうとする教師集団になることが，未来をつくる子どもたちのための「新しい学校づくり」には必要不可欠な要素であると考えています。

（龍　達也）

ティーチングから
コーチングへ

　ネット上には楽しく学べる動画がたくさんあります。また，AIを活用し個別最適化された問題を出題してくれるアプリケーションもあります。これらを組み合わせることで教師が教える必要がなくなるかもしれません。では，未来の学校や教師は何をすればよいのでしょうか。

❶　教えることからの解放

　インターネット上には，数多くの授業動画があります。無料でも非常にわかりやすいものがあります。教師の中には，それらの動画を参考に授業づくりをしている方もいるのではないでしょうか。子どもたちは，好きな動画から学習ができる時代になりつつあります。

　加えて，AI技術の進歩により個別最適化された学習が可能となりました。誤答傾向などを分析し，知識や技術を習得することに最適な問題を出題するシステムが登場し，その精度も驚くほど向上しています。

　わかりやすい動画と個別最適化された問題があれば，教師が授業をする必要があるでしょうか。

❷　これからの教師像

　では，新しい教師の役割とは何でしょうか。そのヒント

は休校期間中の家庭での子どもたちの姿にありました。

　休校期間中，たくさんの課題が出されました。そこで悲鳴を上げたのは，子どもたちではなく保護者でした。「隣に座っていないとすぐに遊び始める」「Zoom で授業を受けていると思ったら，YouTube で好きな動画を見ていた」など，保護者からの悲鳴や苦情，嘆きが届きました。

　どんなによい課題を用意しても，子どもたちに学ぶ意欲がなければ主体的に学びません。自ら学びに意義を見つけ，意欲的に学習し続けることはとても難しいことです。

　これからの教師の役割は，学びのコーチになることではないでしょうか。

　コーチングというコミュニケーションスキルがあります。これは，**対話や質問通して，行動のきっかけをつくったり，モチベーションを高めたりするスキル**です。これからの教師は，ティーチャーではなく，コーチとしての役割も重要になります。

　子どもの学習状況や心理状態を把握し，コミュニケーションをとりながら，目標達成に向けて伴走する。これは，日頃から近くでみている教師にしかできない仕事です。

　「先生と話したら，何を学習すればいいかわかった！」「課題へのやる気が出てきた！」「苦手だけど，頑張ってみる！」こんな声が聞こえたら保護者も安心します。これが教室にあふれたら，どんなに素敵なことでしょうか。

（秋山　貴俊）

第6章 引用・参考文献 ━━━━━━━━━━━━

・岩田みゆき『黒船がやってきた　幕末の情報ネットワーク』吉川弘文館（2005）
・大西忠治『発問上達法』民衆社（1988）
・石井英真『授業づくりの深め方　「よい授業」をデザインするための5つのツボ』ミネルヴァ書房（2020）
・横須賀薫『授業の深さをつくるもの』教育出版（1994）
・木原健太郎編，辻畑信彦・荒木隆著『よい授業を創る教え方の基礎技術』明治図書（1983）
・西岡加名恵・石井英真編著『Q&Aでよくわかる！「見方・考え方」を育てるパフォーマンス評価』明治図書（2018）
・田村学『深い学び』東洋館出版社（2018）
・庄子寛之編著『withコロナ時代の授業のあり方』明治図書（2020）
・山口小百合「授業最前線 新しい学びを！オンライン授業実践モデル③深い学びを目指す遠隔授業の効果的な授業デザイン」『社会科教育　10月号』明治図書（2020）
・山口小百合「小規模校の学びの質を向上させる遠隔授業の授業デザインの一考察」JAETホームページ（2018）
・山口小百合「webを活用した遠隔教員研修プログラムの開発—離島小規模校の遠隔合同研修における一考察」日本デジタル教科書学会第8年次大会（2019）
・石川尚子『オランダ流コーチングがブレない「自分軸」を作る』七つ森書館（2017）
・神野元基『人工知能時代を生き抜く子どもの育て方』ディスカヴァー・トゥエンティワン（2017）

付録 Web会議システム導入 教員研修資料

　Web会議システム（Zoomなど）をホームルームや授業で活用するための研修資料です。私たちの学校で実際に使用した資料をもとに作成しています。これからWeb会議システムの導入を検討している学校の皆さん，よかったら参考にして下さい。

Web会議システム導入教員研修会の概要

　(1)研修時間　1時間
　(2)研修内容
　　①資料をもとに説明（20分）
　　② Web会議システムの体験（30分）
　　③質疑応答（10分）

研修会のポイント

　利用経験のある教員にお願いをして，機器の操作に不安のある教員の近くに座ってもらいました。**困ったらすぐに質問できる環境がある**と，研修に参加した教員の不安がぐっと減ります。不安が減れば，活用のアイディアも生まれます。私たちの学校では，研修会後にまずはやってみようという声が多く聞かれました。

WEB会議システム活用研修会

〇〇小学校 校内研修会資料

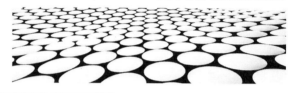

研修会のゴール

- Web会議システムの機能を理解し，
  安全に使用できる
- Web会議システムに慣れていない教員が使用する際
  に，得意な教員（管理者）がフォローができる

全員が安全して利用できる仕組み

- はじめて利用する教員や利用に不安のある教員は，
  得意な教員 (以下，管理者と呼ぶ) と2人1組で利用する。
- 授業やホームルームを行う先生は，
  子どもたちに集中できるように操作は管理者が行う。

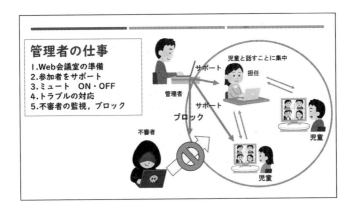

管理者の仕事
1. Web会議室の準備
2. 参加者をサポート
3. ミュート　ON・OFF
4. トラブルの対応
5. 不審者の監視，ブロック

不審者への対応

- 特定できない人物（不審者）が入ったときは，管理者が話しかけて身元を確認する。
- 応答がない場合は，ブロックや削除をして対応をする。
- 不審な人物が複数いるなど様子がおかしいときは，直ちにミーティングを終了する。

管理者はしっかりと授業者のフォローをする

- 児童の入室後，児童はミュートにする（家庭のプライバシー配慮）
- 入室後，授業担当の教員のミュートを解除する
- 授業担当の教員はマイクテストを兼ねて，授業開始前にいろいろと声を出して，声の大きさを児童に確認する（○○君，こんにちは！など）
- 授業開始前に，児童は指定された名前にして変更する。管理者はサポートする
  例：出席番号＋ひらがな「なまえ」など（部外者がわからない決まりをつくる）
- 画面が映らないなど，困っている児童がいたら対応する
- 授業の残り時間などを担任に伝える（慣れるまで時間の感覚がつかみにくい）

はじめてホームルームを行う担任のサポート

もし，担任が何をしてよいかわからないときは，

- 管理者が担任にインタビューする
- 担任にジェスチャーゲームをしてもらう
  （担任にだけお題を送り，演技をしてもらい，児童が当てる）
- 投票機能を使ってアンケートをとってみる

など，まずは児童と担任がつながりを感じられるワークを

おわりに

はじめての取り組みです。

不安も大きいと思いますが全員で協力し，

今できることを全力で進めましょう。

情報担当　〇〇

（秋山　貴俊）

おわりに

　最後まで読んでいただき，ありがとうございました。本書を読んで，「これならできそうだ！」「こんなことから考えてみようかな」と思っていただければ嬉しいです。

　オンライン学習をゼロから始めることは簡単なことではないかもしれません。しかし，行動すれば，確実に未来は変わります。ぜひ皆さんと一緒に「未来」の学校を創っていきたいと思います。

　少し大げさですが，「2020年3月から教育が改善された」と歴史に刻まれるのか，「2020年3月から一部の学校でオンライン学習が導入されたが，新型コロナウイルス感染症が収束後，学校教育は元に戻った」と言われるのか，それは我々にかかっていると思います。オンラインで学び，実践する中で学校教育がよりよいものになることを願っています。皆さんと一緒にこれからの学びに取り組めることを楽しみにしています。

　本書の作成にあたっては，オンライン学習研究会で助言をして下さる京都大学の石井英真先生にご監修と巻頭言をいただきました。また，執筆に関しては，オンライン学習研究会のメンバーに加え，教育×ICTをテーマとした私立小学校のコミュニティ「192Cafe」のメンバーにも書いていただきました。また，事務的な打ち合わせや準備，原

稿の校正を「ゼロから学べるシリーズ」の生みの親でもある長瀬拓也先生を中心にしていただきました。さらに，イラストレーターのイクタケマコトさん，明治図書の及川誠さん，杉浦佐和子さんは，緊急発刊のために急いで取り組んで下さいました。心から感謝いたします。本当にありがとうございました。

　オンラインは万能ではありません。しかし，うまく活用すれば多くの可能性が開けます。

　この本のきっかけとなったオンライン学習研究会は，オンライン上で不定期に開催されています。実は，対面でお会いしたことのない先生ばかりです。しかし，情報を共有し，悩みを相談しながら，一緒に進んできました。そして，この本はそんなオンラインで築いた絆から生まれました。私自身，この本の作成を通して，オンラインの可能性を今まで以上に感じています。

　皆さんと一緒に新たな可能性を切り拓ければと願っています。

秋山　貴俊

【監修者・執筆者一覧】
〈監修者〉
石井　英真

1977年兵庫県生まれ。京都大学大学院教育学研究科博士後期課程修了。博士（教育学）。現在，京都大学大学院教育学研究科准教授。日本教育方法学会理事，日本カリキュラム学会理事，文部科学省「児童生徒の学習評価に関するワーキンググループ」委員など。主な著書に『授業づくりの深め方』（ミネルヴァ書房），『未来の学校—ポスト・コロナの公教育のリデザイン』（日本標準）などがある。

〈執筆者〉
秋山　貴俊

1984年東京都生まれ。文教大学教育学部卒業。株式会社帝国データバンク，西武学園文理小学校を経て，現在，成城学園初等学校教諭。成城学園情報一貫推進検討委員，日本スクールコーチ協会認定スクールコーチ。

長瀬　拓也

1981年岐阜県生まれ。佛教大学教育学部卒業，岐阜大学大学院教育学研究科修了。修士（教育学）。横浜市立小学校，岐阜県公立小，中学校を経て，現在，同志社小学校教諭。主な著書に『ゼロから学べる学級経営』（明治図書）などがある。

小池　翔太

1989年千葉県生まれ。千葉大学大学院人文社会科学研究科博士後期課程在学中。修士（教育学）。立命館小学校などを経て，現在，千葉大学教育学部附属小学校教諭。分担執筆に『企業とつくる「魔法」の授業』（教育同人社）などがある。

樋口　万太郎

1983年大阪府生まれ。京都教育大学附属桃山小学校教諭。全国算数授業研究会幹事，関西算数授業研究会会長。「小学校算数」（学校図書）編集委員。主な著書に『クラス全員をアクティブな思考にする算数授業のつくり方』（明治図書）などがある。

宍戸　寛昌

1972年福島県生まれ。福島県公立小学校，福島大学附属小学校を経て，現在立命館小学校教諭。夢の国語授業研究会理事，関西で国語の授業を研究する会幹事。編著に『板書＆イラストでよくわかる　365日の全授業　小学校国語　２年上・下』『授業で育てる学級経営』（明治図書）がある。

西尾　環

1960年鹿児島県生まれ。熊本大学教育学部卒業。熊本市公立小学校教諭。主な編書に『ゼロから学べる図画工作』（明治図書）がある。また『楽しい学級づくり』（小学館），『タブレット端末を活かす実践52事例』（学研）など，分担執筆多数。

山中　昭岳

1972年大阪府生まれ。和歌山大学教育学部卒業，鳴門教育大学大学院修了。修士（教育学）。和歌山県公立小，和歌山大学教育学部附属小，関西大学初等部を経てさとえ学園小学校主任。NHK教育テレビ「わくわく授業」「NHK for School 生活科」などに出演。

吉金　佳能

1983年茨城県生まれ。東京学芸大学教育学部卒業後，東京都中野区にある宝仙学園小学校で勤務。同校の理科専科，ICT教育研究部主任。現在は，東京私立初等学校協会理科研究部主任も務める。

龍　達也

1973年福岡県生まれ。福岡教育大学卒業後，北九州市の敬愛中学校・高等学校にて広報担当，社会科教諭として勤務。2015年より，理事長室長・敬愛小学校副校長に就任。教育講演会講師として5万人を超える児童生徒・保護者・教職員対象に講演を行う。

加藤　拓由

1965年愛知県生まれ。東京外国語大学外国語学部中国語学科卒業。公立小中学校，インド・ムンバイ日本人学校などを経て，現在，岐阜聖徳学園大学教育学部准教授。主な著書に，『小学校英語コミュニケーションゲーム100』（明治図書）などがある。

宗實　直樹

1977年兵庫県生まれ。兵庫教育大学学校教育学部（芸術系美術分野）卒業。兵庫県公立小学校教諭を経て，現在，関西学院初等部教諭。共著として『実践！　社会科授業のユニバーサルデザイン　展開と技法』（東洋館出版社）などがある。

松谷　如雪

1981年長崎県生まれ。立命館大学社会学研究科修了。修士（社会学）。大日本印刷株式会社勤務を経て，現在ノートルダム学院小学校教諭。共著として『メディア・ルネサンス　市民社会とメディア再生』（風媒社）がある。

山口　小百合

1971年鹿児島県生まれ。鹿児島大学教職大学院教育学研究科修了。鹿児島県公立小学校，鹿児島大学教育学部附属小学校を経て，現在，鹿児島県公立小学校教頭。分担執筆として『今，先生ほど魅力的な仕事はない！』（協同出版）がある。

【監修者】

石井　英真（いしい　てるまさ）

【編著者】

秋山　貴俊（あきやま　たかとし）

長瀬　拓也（ながせ　たくや）

【イラスト】 イクタケマコト

1976年福岡県宮若市生まれ。横浜市在住。教師生活を経て，イラストレーターとして活動。教科書や広告のイラストを手掛ける。著書に『カンタンかわいい　小学校テンプレート＆イラスト』（学陽書房），『中学・高校イラストカット集1200』（学事出版），絵本『としょかん町のバス』（少年写真新聞社），コミックエッセイ『主夫３年生』（彩図社）ほか多数。

ゼロから学べるオンライン学習

2020年10月初版第1刷刊	監修者	石	井	英	真
	©編著者	秋	山	貴	俊
		長	瀬	拓	也
	発行者	藤	原	光	政

発行所 明治図書出版株式会社

http://www.meijitosho.co.jp

（企画）及川　誠（校正）杉浦佐和子

〒114-0023　東京都北区滝野川7-46-1
振替00160-5-151318　電話03(5907)6703
ご注文窓口　電話03(5907)6668

＊検印省略　　組版所 株式会社アイデスク

Printed in Japan　　ISBN978-4-18-324014-9
もれなくクーポンがもらえる！読者アンケートはこちらから

→